KB134248

We Move Our Own Cheese!

우리 치즈는 우리가 만든다!

We Move Our Own Cheese!

우리 치즈는 우리가 만든다 !

발행일	2018년 2월 14일 초판 1쇄 발행
지은이	빅터 소워(Victor E. Sower) · 프랭크 페어(Frank K. Fair)
옮긴이	이지민
발행인	권기수
발행처	한국표준협회미디어
출판등록	2004년 12월 23일(제2009 - 26호)
주 소	서울시 금천구 가산디지털1로 145, 에이스하이엔드 3차 1107호
전 화	02 - 2624 - 0361
팩 스	02 - 2624 - 0369
홈페이지	www.ksamedia.co.kr
ISBN	979 - 11 - 6010 - 018 - 1 03320
값	15,000원

We Move
Our Own Cheese!

우리 치즈는
우리가 만든다

빅터 소워·프랭크 페어 지음
이지민 옮김

KSAM

이 책을 조직의 변화를 창조하는

_____ _____님께 드립니다.

차 례

그림 목록

감사의 말

이 책의 초안을 읽고 개선을 위한 격려와 값진 피드백 그리고 제안을 주신 다음 분들께 감사를 표한다.

- 제린 베이커(Jerrine Baker): M.B.A, 샘휴스턴주립대학교 경영 및 마케팅 강사, Majestic Dream 여행사 소유경영자
- 피터 버크홀츠(Peter Birkholz): M.B.A., 샘휴스턴그룹 파트너, 버크홀츠 매니지먼트 경영 컨설턴트
- 리처드 보즈먼(Richard Bozeman): 저자이자 발명가, NASA 추진기 및 동력 실험실의 소장 역임(현재 퇴임)
- 재닛 페어(Janet Fair): 교육학 및 영어영문학 석사, 학술 멘토이자 퇴임한 교육자
- 케네스 페어(Kenneth Fair): 법학 석사, Wright & Close 법무법인 파트너
- 케네스 그린(Kenneth Green): 서던아칸소대학교 경영학 교수

- 제럴딘 하인스(Geraldine Hynes): 샘휴스턴대학교 비즈니스 커뮤니케이션 교수
- 스콧 코커넨(Scott Kaukonen): 샘휴스턴대학교 MFA 문예창작 프로그램 학장
- 줄리아나 릴리(Juliana Lilly): 샘휴스턴대학교 경영학 박사
- 크리스토퍼 소워(Christopher Sower): M.B.A., C.P.S.M., C.P.M., Ecolab 계열사 Nalco Champion의 미주 및 서부 아프리카 물류 부문 부사장, Sower & Associates 사장
- 주디 소워(Judy Sower): 교육학 석사, 저자, 퇴임한 교육자
- 파멜라 젤스트(Pamela Zelbst): 프로젝트 관리 전문가, 생산관리 교수, 샘휴스턴주립대학교의 소워 비즈니스 기술 연구소 및 혁신과 기술 연구소장

또한 신규 원고 검토 편집자 매트 마인홀츠(Matt Meinholz), 편집간사 폴 오마라(Paul O'Mara), ASQ Quality Press의 직원들, 그리고 피드백과 의견을 주신 익명의 ASQ Quality Press 검토자 세 분께도 감사를 드린다.

Book Guide

아무도 모르는 비밀을 나 혼자 알게 되었다면? 그런데 그것이 우리의 생존에 큰 문제를 일으킬 수도 있는 일이라면? 나는 어떤 선택을 할까?

비지오가 우연히 창고에 있는 치즈가 줄어들고 있다는 사실을 발견하면서 이야기는 시작된다. 비지오는 이 사실을 친구들과 공유하고, 다양한 분석을 통해 결국 치즈가 완전히 바닥날 것이라는 결론에 도달한다. 이는 주식(主食)인 치즈의 총량을 모른채 소비하고 있는 마을 주민들에게 엄청난 영향을 미치게 될 것이다. 비지오와 친구들은 과연 이 문제를 풀어나갈 수 있을까? 원로들과 마을 주민들은 이들의 문제제기를 이해하고 받아들여줄까? 비지오와 친구들의 인생 앞에 이보다 더 중요할 수 없는 모험이 기다리고 있다.

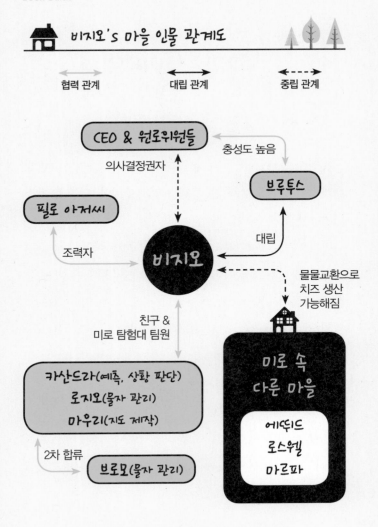

비지오's 마을 인물 관계도

협력 관계   대립 관계   중립 관계

CEO & 원로위원들

충성도 높음

의사결정권자

브루투스

필로 아저씨

대립

비지오

조력자

물물교환으로
치즈 생산
가능해짐

친구 &
미로 탐험대 팀원

미로 속
다른 마을

카산드라(예측, 상황 판단)
로지오(물자 관리)
마우리(지도 제작)

에뜌이드
로스웰
마르파

2차 합류

브로모(물자 관리)

🏠 인물 소개

비지오와 친구들

① 비지오(Visio): 우연한 기회에 창고의 치즈가 줄어 들고 있다는 비밀을 알게 된 최초의 인물. 치즈가 바닥나기 전에 새로운 치즈를 구해야 한다는 사명감을 가지고 있다. 친구들과 정보를 공유하고, 어려움이 닥치면 멘토를 찾아가 조언을 구할 줄 아는 합리적 사고 방식과 열린 마음을 가졌다. 탐험하는 동안 여러 가지 어려운 일을 겪게 되지만 덕분에 얻게된 담대함으로 마지막 위기까지 자신만의 방식으로 해결책을 도출한다.

② 카산드라(Cassandra): 비지오의 친구. 첫 번째 탐험대 참여 인물. 기회와 위협 요인 예측에 능하고 주어진 상황의 문제점을 잘 파악한다. CEO에게 치즈에 대한 의문을 제기하다가 무시당한 비지오와 다른 친구들이 문제를 덮어두려고 할 때, 이미 발생한 문제를 모른척 해서는 안된다고 주장한다. 모험이 필요할 때 적극적으로 참여하지만 위협 요인을 검토할 때는 신중한 자세를 취한다.

③ 로지오(Logio): 비지오의 친구. 로지오 역시 첫 번째 탐험대원이다. 물자 관리를 담당한다. 치즈가 줄어들고 있다는 비지오의 말을 듣고 미로 속 위험에 대해 두려워하면서도 함께 탐험에 참가한다. 자기 주장이 강하지는 않지만 자신이 맡은 물자 관리자로서의 역할에 충실하다.

④ 마우리(Mauri): 비지오의 친구. 지도 제작과 측량에 재능이 있다. 위치와 공간에 대한 이해가 높아 창고 안에 남아 있는 치즈의 양을 예측하기도 한다. 공개 간담회에서 지도와 차트 등을 활용해 사람들을 논리적으로 설득하는 역할을 한다. 탐험하는 동안 짐이 무겁다고 투덜대기도 하지만 대부분 지도를 제작하고 자신들의 위치를 표시하는 일을 꼼꼼하게 수행하면서 시간을 보낸다.

⑤ 브로모(Bromo): 2차 탐험부터 함께한 비지오의 친구. 처음 비지오가 줄어들고 있는 치즈에 대해 의문을 제기했을 때 CEO 원로는 치즈가 사라지는 일은 없을 거라고 단언했다. 브로모는 그 말을 믿고, 비지오의 계획이 무모하다고 생각해서 첫 탐험대 활동에는 참여하지 않았다. 그러나 이후 벌어지는 상황을 보고 탐험대에 참여하기로 했

으며 로지오와 함께 물자 관리 영역을 맡았다.

⑥ 브루투스(Brutus): 비지오와 친구지만 마을 원로들과 CEO에게 더욱 충성한다. 처음 탐험이 시작될 때는 참여하지 않았고, 이후 탐험대가 성과를 내며 비지오가 2차 탐험에 합류할 것을 권유하자 이를 거절한다. 원로들에게 잘 보인 덕분에 탐험대에서 비지오와 친구들을 밀어내고 3차 탐험을 직접 이끌게 되지만 경험 부족으로 비지오 탐험대와 마을 사람들을 난처하게 만든다.

마을 어른들

① 필로 아저씨(Mr.Philo): 도서관 사서. 비지오와 탐험대의 멘토 역할을 자처한다. 마을에 가장 오래 거주한 주민 중 하나였으며 어렸을 때 방과 후에 설립자의 도서관에서 일하면서 설립자를 만난 적이 있다. 마을과 설립자에 대한 역사를 가장 잘 기억하는 인물.

② CEO와 원로회: 치즈의 배급을 책임지고 있으며 회의를 통해 마을의 안건에 대한 의사결정을 담당한다. 변화에 유연한 성향의 원로들과 원칙을 고수하려는 원로들이 섞

여 있지만 기본적으로 설립자의 뜻과 설립자가 만든 규칙을 수호하는 방식으로 의사결정을 진행해 왔다.

기타

에뛰드(Etude) & 로스웰(Roswell) & 마르파(Marfa): 미로 속 다른 마을의 주민들. 비지오의 마을과 다르게 우유가 주식이며 치즈가 무엇인지는 알지 못한다. 미로를 탐험하며 자신들에게 필요한 것, 도움이 될만한 것을 찾는 또 다른 탐험대다.

🏠 편집후기

저자들은 『누가 내 치즈를 옮겼을까?(Who Moved My Cheese?)』라는 유명한 우화에 대해 토론하면서 '조직 문화'와 '변화'라는 키워드 역시 우화로 표현하고자 했다. 저자들이 새롭게 설정한 우화에 등장하는 인물의 특징과 관계를 파악하면 이야기 안에 숨겨진 더 많은 비유와 상징을 이해할 수 있을 것이다.

특히 이 책의 가장 큰 특징이자 장점은 조직 내에 속해 있는 다양한 유형의 인물을 만날 수 있다는 것이다. 신진 세력부터 의사결정자까지 다양한 계층이 등장하고, 변화를 대하는 사람들의 모습 역시 여러가지 반응을 보이는 군상으로 묘사한다.

문제를 발견했을 때 모두 같은 태도를 취하는 것은 아니다. 적극적으로 해결하고자 하는 사람, 문제를 그냥 지나치는 사람, 문제 해결의 성과를 가로채려는 사람이 있을 수 있다. 의사결정자들 역시 마찬가지다. 새로운 문제를 제기하는 사람에게 위험을 고려해 보수적인 태도를 취하는 사람이 있는가 하면, 변화를 받아들이는 데 유연한 사람도 있다.

책을 읽을 때 중심 인물에게 감정을 이입할 수도 있지만, 자신이 이야기 속의 어떤 인물 유형에 속하는지 찾아가며 읽는 것도 재미를 높이는 방법이다. 변화를 주도하는 쪽이든, 의사결정을 주도하는 쪽이든 누구나 좋은 결과를 얻겠다는 공통의 목표는 가지고 있다. 나는 어떤 사람일까? 나라면 같은 문제 상황에서 어떤 선택을 할까? 그것이 조직에 기여하는 방법일까? 짧은 우화지만 많은 질문을 던지고 있는 이 책에서 독자들이 자신만의 답을 찾을 수 있기를 바라며 편집했다.

KSAM 편집부

프롤로그

 우리 치즈는 우리가 만든다

이 책은 변화 창조의 필요성에 관한 이야기이다. 즉, 현실을 외면하고 극도로 위험을 회피하는 수동적인 조직에서 벗어나 생존과 번영을 위해 변화를 창조하고 리스크를 감수하는 통찰력 있는 조직으로 거듭나야 한다는 메시지를 들려준다.

팀이나 계열 또는 회사 전체에 큰 이익을 가져다 줄 수 있는 아이디어를 떠올렸지만 그것을 알아보는 눈을 가진 사람은 나 자신밖에 없다. 설상가상으로 그 아이디어를 실행에 옮기려고 애쓰는 와중에 다른 사람들의 적극적인 방해에 시달린다. 이러한 상황에서 나에게 충분한 힘만 주어진다면 얼마든지 굉장한 성과를 낼 수 있을 것이라는 생각이 든다.

이 때 어떻게 대응할 것인가? 자신을 비롯해 지금까지 새로운 아이디어를 제안했던 모든 사람들이 큰 좌절을 겪었기 때문에 아이디어 실천에 감정 소모가 너무 클 것을 우려해 포기할 수도 있을 것이다. 이 경우 내 아이디어가 실제로 가치 있는 것이라면 손해를 보는 것은 나인가, 회사인가, 아니면 회사의 고객들인가? 정답은 모두이다.

이 책은 조직 내 지위 권력이 약한 사람들이 자신의 아이디어를 인정받을 수 있도록 도와주는 한편 지위 권력을 가진 사람들이 누구나 좋은 아이디어를 자유롭게 제안할 수 있는 조직 문화를 만들 수 있도록 도와준다.

저자들은 故 스펜서 존슨(Spencer Johnson)의 『누가 내 치즈를 옮겼을까?(Who Moved My Cheese?)』[1]를 감명 깊게 읽었다. 존슨의 책은 단순하면서도 이해하기 쉽고 또 재미있는 방식으로 중요한 메시지를 전달한다. 그 메시지는 개인적 삶과 일터에서의 변화에 대응하는 방법에 대한 것이며, 저자들은 이에 대해 개인적으로, 그리고 같은 분야의 전문가로서 많은 감명을 받았다.

『누가 내 치즈를 옮겼을까?』의 네 가지 큰 교훈은 다음과 같다.

Who Moved My Cheese's Message

1 변화는 일어난다(치즈는 언젠가 사라진다).

2 변화를 예상하라(치즈가 사라질 것에 대비하라).

3 변화를 감지하라(치즈가 오래되어 맛이 변한 것을 알 수 있도록 자주 냄새를 맡아보아라).

4 변화에 신속히 적응하라(오래된 치즈를 빨리 포기할수록 조금이라도 빨리 새 치즈를 맛볼 수 있다).

『우리 치즈는 우리가 만든다!(We Move Our Own Cheese!)』에 대한 아이디어는 『누가 내 치즈를 옮겼을까?』에 대해 토론하면서 떠올리게 되었다. 우리는 존슨의 책보다 더욱 변화에 선제적이고 팀 중심적인 접근법에 대한 이야기를 들려줄 수 있지 않을까 생각하게 되었다. 존슨이 지적했듯이 개인은 생존하기 위해 변화에 신속하게 효과적으로 대응해야 한다. 이는 조직도 마찬가지이다. 하지만 가장 뛰어난 개인과 조직은 변화에 대응하는 것보다 변화를 스스로 창조하는 경우가 더 많다. 애플 컴퓨터(Apple Computer)의 창립자들은 뛰어난 그래픽과 그래픽 사용자 인터페이스를 선보인 개인용 컴퓨터(PC)를 개발하고 마케팅함으로써 변화를 창조했다. 잠깐의 침체기가 지나고 애플은 아이팟(IPod), 아이패드(IPad), 아이폰(IPhone) 그리고 애플 워치(Apple Watch)를 개발하면서 계속 새로운 변화를 만들어냈다. 모토로라(Motorola)도 품질에 식스 시그마(Six - Sigma) 접근법을 적용해 변화를 창조했으며 IBM은 메인 프레임 컴퓨터를 개발해 임대하고 퍼스널 컴퓨팅의 선구자 역할을 하면서 변화를 주도했다.

미래를 예측하는 가장 좋은 방법은
미래를 창조하는 것이다.
– 피터 드러커(Peter Drucker) –

『우리 치즈는 우리가 만든다!』는 변화 창조에 관한 책이다. 존슨의 책처럼 치즈는 우리가 가지고 있지만 더 많이 가지고 싶어하는 것에 대한 비유이다. 비즈니스 맥락에서 치즈는 현재의 비즈니스 패러다임과 이를 통해 얻는 것을 나타낸다. 하지만 경영사상가이자 작가인 리처드 파스칼 (Richard Pascale)은 "변화에 대한 점진적인 접근법은 이미 가지고 있는 것을 더 많이 갖고싶어 할 때에만 효과가 있다"라고 말했다[2]. 개인과 조직이 지금 가진 것을 더 많이 갖기를 원한다고 생각하는 경우가 많다. 1960년대의 계산자(자처럼 생긴 수동 계산기) 생산 업체들은 계산자 시장의 확대로 더 많은 '치즈'를 얻을 수 있을 것이라고 생각했다. 하지만 예상과 다르게 더 큰 기회는 전자 계산기와 개인용 컴퓨터(PC) 시장에 있었다. 이러한 기회를 내다보지 못한 결과 계산자 생산 업체들은 사양길로 들어섰다. 델 컴퓨터(Dell Computer)는 자진 상장폐지 수순을 밟고 비상장 회사로 전환했으며 현재 축소되고 있는 개인용 컴퓨터(PC) 시장에서 고군분투하고 있다. 비슷한 상황에 처한 조직들이 해야 할 일은 지금 가진 치즈를 더 많이 얻는 것보다 새로운 치즈를 만들어내는 것이다. 이 책에서 새로운 치즈는 성공과 번영을 위해 우리가 진정으로 추구해야 하는 혁신적이고 전략적인 목표를 의미한다.

하지만 새로운 치즈를 만들어내는 것이 끝은 아니다. 많은 기업들이 '기술의 S 곡선(Technology S Curve)'이라고 하는 생애 주기를 거친다(〈그림 1〉 참조). 뛰어난 아이디어를 떠올리고 그것을 발전시키지만 곧 아이디어가 빛을 잃게 된다. 조직은 처음에는 현실을 부정하며 '마케팅 예산을 확대하기만 하면 치즈가 다 떨어지는 일은 절대로 없을 거야' 또는 '기존의 제품을 약간만 개선한다면 치즈가 다 떨어지는 일은 절대로 없을 거야'라고 생각할 수도 있다. 이러한 해결책은 효과가 있을 때도 있지만 그렇지 않은 경우도 있다. 세계 사진 업계를 주름잡던 코닥(Kodak)과 미국의 대형 서점 체인 보더스(Borders)는 마케팅 투자를 강화하고 제품을 점진적으로 개선하더라도 결국은 치즈가 전부 사라져버릴 수도 있다는 뼈아픈 깨달음을 얻고 결국 몰락했다.

치즈가 줄어드는 상황(성숙 단계)에 대처하기 위해 조직은 반드시 시장 환경에 대한 통제력을 가져야 한다. 그리

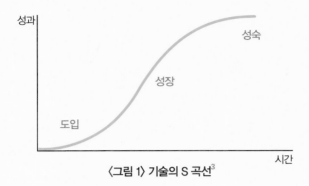

〈그림 1〉 기술의 S 곡선[3]

혁신 주기가 짧아지고 있기 때문에 항상 새로운 것을
시도해봐야 한다. 중요한 것은 적시성(timeliness)이다.

– 패트릭 볼하우저(Patrick Wohlhauser)[4] –

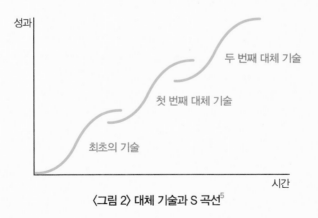

〈그림 2〉 대체 기술과 S 곡선[5]

고 점진적 개선(새로운 치즈를 찾는 것)에서 벗어나 자신만의 새로운 치즈를 만들어내야 한다. 〈그림 2〉는 이렇게 선제적으로 대응한 조직들의 S 곡선을 보여준다.

나만의 치즈를 만들어내는 과정에서 실패를 할 수도 있고, 프로젝트에 자원을 투입해도 성과를 얻지 못할 수도 있다. 하지만 최고의 조직은 리스크를 감수하며, 실패를 배움의 기회로 받아들인다. 극작가 사뮈엘 베케트(Samuel Beckett)는 "다시 시도하라. 다시 실패하라. 더 나은 실패를 하라(Try again. Fail again. Fail better)[6]"라는 말을 남겼다. 불확실성 속에서 성공을 가져다 줄 아이디어를 찾을 수 있기 때문에 앞서나가는 조직은 불확실성을 두려워하지 않는다. 에베레스트산 등반에 몇 차례나 성공한 고산 등반가 피트 애던스(Pete Athans)가 말했듯 가는 길을 아는 곳에 간다면 아무 것도 얻을 수 없다. (There's no magic to getting where we already know we can go.)[7]

이 책에서는 한 가지 주제만 다루었지만 기업이 조직의

잠재력을 활용하지 못하거나 실패를 하는 데는 여러 가지 이유가 있다. 분식 회계로 몰락한 미국의 엔론(Enron), 1980년대의 드로리안(DeLorean) 자동차, 그리고 최근의 많은 석유 생산 업체들이 이 책에서 다루고 있는 것과는 다른 이유로 실패를 경험했다. 하지만 경쟁사들을 제치고 새로운 치즈를 먼저 만들어내고자 하는 회사든 다른 회사가 새로운 치즈를 만들어냈음을 알아차리고 남들보다 먼저 그것을 이용하려고 하는 회사든 모든 회사들에게 이 책의 메시지가 도움이 될 것이다.

이 책에 등장하는 '마을'은 혁신적이고 카리스마 있는 리더가 수년 전 설립한 기업이나 조직을 의미한다. 조직은 위험을 회피하고 기존의 질서를 고수하려 한다. 이 때문에 중요한 결정을 내릴 때 '설립자라면 어떻게 했을까?'라고 묻는 경우가 많았다. 또한 이 책의 '원로'들은 경영진을 지칭하며, 최고 원로(Chief Elder in Office)는 물론 CEO를 나타낸다.

이 책의 주인공 비지오와 그의 친구들은 조직의 신입과 중간급 직원들을 나타낸다. 비지오는 조직의 본질적인 변화를 주도하게 된다. '미로'는 조직이 처한 환경을 의미한다. 처음에 조직은 미로, 즉 외부 환경과의 상호작용을 제대로 통제하지 못하며 두려움을 느낀다. 조직에게는 치즈가 있지만 치즈가 어떻게 만들어졌는지는 아무도 모른다. 이 책은 조직이 자신만의 치즈를 만들어내는 방법을 터득하는 것을 계기로 외부 환경과의 상호작용에 대한 통제력을 갖게 되는 과정에 대해 들려준다.

도서관 사서인 필로 아저씨는 비지오의 친구이자 비공식적 멘토 역할을 하며, 조직에서 오랜 기간 근무한 전문가를 상징한다.

비지오와 친구들이 미로 속에서 발견하는 '버려진 마을'은 변화에 적응하지 못하고 사라져버린 조직을 나타낸다. 그리고 이들이 새롭게 발견하는 '또 다른 마을'은 잠재적 공급망 파트너를 나타낸다.

이 이야기는 환경의 변화(줄어드는 치즈)에 수동적으로 대응하던 조직이 내부적으로 저항을 겪으면서도 환경을 변화시켜 선제적으로 변화에 대응하는 조직으로 거듭난 방법에 대해 보여준다. 즉, 마을은 외적 통제 소재

(External Locus Of Control)에서 벗어나 내적 통제 소재(Internal Locus Of Control)로 전환하게 된 것이다. 그러므로 이 우화의 주제는 다음과 같이 간단히 요약할 수 있다.

다른 사람들이 만들어낸 변화에 대응하기보다
스스로 변화를 창조하는 편이 낫다.

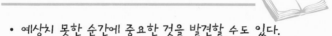

- 예상치 못한 순간에 중요한 것을 발견할 수도 있다.

- 단순히 문제를 지적하는 것만으로는 행동으로 이어지게 할 수 없다.

- 혁신적이고 새로운 아이디어를 제안하는 경우 동료들이 등을 돌릴 수도 있다.

- 의사결정자들에게 변화의 필요성을 납득시키려면 사실관계와 계획만으로는 충분하지 않다.

- 가장 큰 두려움은 모르는 것에 대한 두려움이다.

- 미지의 대상을 탐색할 때 실패의 위험을 감수해야 하지만 실패를 통해 많은 것을 배울 수 있다.

- 새로운 것도 열린 마음으로 받아들여야 한다.

- 두려움 때문에 미지의 대상과 만나서 얻을 수 있는 이익을 놓쳐서는 안 된다.

- 의사결정자들은 공개적으로 깜짝 놀랄만한 소식을 듣는 것을 좋아하지 않는다.

- 동료들이 항상 충성스러운 것은 아니다.

- 실패는 기회의 문을 열어줄 수 있다.

- 아무 것도 하지 않을 때와 어떤 조치를 취하는 데 따르는 리스크를 비교해보는 것이 좋다.

- 다양한 경험을 통해 예상치 못한 어려움에 보다 효과적으로 대처할 수 있다.

- 모든 문제가 해결되었다고 생각한 그 때 새로운 변화가 일어날 수 있다. 이 경우 새로운 변화에 대처하기 위해서는 새로운 사고방식이 필요하다.

그러나 위의 결론(31p 참조)은 아래의 작지만 구체적인 결론(32p 참조)들이 모여 만들어낸 것이다.

독자들도 이 책의 주인공 비지오가 마을을 변화시키기 위해 겪어야 했던 일들에 대한 이야기를 즐기기 바라며 조직을 변화시키려 한 경험이 있는 사람이 많은 부분에서 공감할 수 있기를 바란다.

1.
비지오의 발견

비지오는 줄을 서서 매주 배급되는 치즈를 기다리며 설
립자의 동상을 올려다보았다. 몇 년 전 세상을 떠난 설립
자를 기억하는 사람은 거의 없었다. 하지만 설립자는 마을
공동체와 주민들에게 아직도 엄청난 영향을 미치고 있다.
자세한 것은 기억나지 않지만 설립자가 치즈를 발견하고
그것을 공유하기 위해 마을을 세웠다는 사실은 모두가 알
고 있었다. 마을은 설립자가 정한 규칙에 따라 치즈를 관
리하고 배분해왔다. 중요한 결정을 내려야 할 때마다 마
을의 원로회는 항상 '설립자께서는 어떻게 하셨을까?'라고

묻곤 했으며 그 대답에 따라 공동체의 방향이 결정되었다. 이러한 시스템 아래에서 마을 공동체와 주민들은 오랜 세월동안 번영과 안정을 누릴 수 있었다.

마을은 40여 년 전에 설립되었다. 설립자가 어디에서 왔는지는 아무도 몰랐지만 마을이 자리잡고 있는 넓은 미로 속 어딘가에서 온 것은 분명했다. 마을에는 아주 큰 치즈 창고가 있는데, 면적에서 마을의 큰 부분을 차지하고 있었다. 창고 옆에는 특별한 행사가 있을 때나 매주 치즈 배급이 있을 때 사람들이 모이는 광장이 있다. 광장 주변에는 도서관과 원로 회관 등의 건물이 서 있고 광장을 지나면 주민들이 거주하는 검소한 집들이 모여 있다.

비지오는 갑자기 무언가 쿵 떨어지는 소리를 들었다. 재빨리 고개를 돌려보니 치즈 배급을 담당하는 원로 한 명이 창고에서 큰 치즈 상자를 꺼내 옮기다가 넘어져 있었다. 비지오는 생각할 겨를도 없이 테이블을 건너뛰어 넘어진 원로에게 달려갔다. 비지오는 원로를 부축하고 치즈 상자를 들어드리려고 손을 뻗다가 열린 창고 안을 보게 되었다. 마을에서는 원로들만이 치즈 창고에 출입할 수 있었기 때문에 창고 안에 무엇이 있는지 볼 수 있는 흔치 않은 기회였다. 창고가 엄청나게 큰 것을 보고 비지오는 깜짝 놀랐다. 그리고 창고의 먼 안쪽 끝에 치즈 덩어리가 높이 쌓여 있는 것도 볼 수 있었다. 넘어진 원로를 도와주러 달려온 다른 원로들은 황급히 비지오를 테이블 너머의 배급줄로 되돌려 보냈다. 비지오는 줄을 서서 자신의 차례를 기다리면서 넘어진 원로를 도와드린 일과 치즈 창고 안을 우연히 들여다 본 것을 일기장에 적어야겠다고 생각했다.

비지오는 기다림 끝에 치즈를 배급받았다. 원로들은 설립자가 있을 당시부터 치즈를 매주 차질 없이 정해진 시간에 배급했다. 비지오는 마을이 설립되었을 때부터 지금까지 모든 주민에게 돌아갈만큼 치즈가 충분했다는 사실에 마음이 놓였으며 치즈가 부족해지는 일은 없을 것이라고 생각했다. 비지오는 곧 친구들과의 점심 약속 때문에 자리를 떴다.

　비지오와 그의 친구들은 도서관에서 몇 년 전 처음 우연히 만났다. 도서관 사용자들이 많지 않았기 때문에 사용자들은 자연스럽게 친해지게 되었다. 하지만 이들의 우정을 더욱 돈독하게 만든 결정적인 계기는 자전거 가게의 지붕 붕괴 사건이었다. 자전거 가게의 주인 오르빌(Orvil)과 윌버(Wilber)는 지붕 수리에 일손이 필요했고 비지오와 6명의 친구들은 도움을 자청했다. 몇 주 후 자전거 가게는 깔끔하게 수리가 마무리 되었고 도움을 주었던 일동은 한 팀이 되어 각자가 가진 재능을 발휘할 때 즐겁게 일할 수 있음을 느꼈다.

　비지오는 친구들과 점심을 먹으며 치즈 창고에서 어떤 일이 있었는지 말하고 싶어 입이 근질거렸다. 식당에 모인 제일 가까운 친구들 6명에게 자신이 어떻게 넘어진 원로를 도와주었는지에 대해 최대한 겸손하게 털어놓았다. 그런 다음 스쳐가듯 창고에서 본 것에 대해 이야기했다.

"창고 안은 정말 넓었어. 엄청났다구!"

비지오는 말했다. 친구들은 하나같이 입을 모아 "또 어떤 것을 보았어?"라고 물어보았다.

"창고가 엄청나게 컸는데 창고 깊은 안 쪽에 치즈가 높이 쌓여 있었어." 비지오는 친구들이 자신의 '영웅적인' 행동보다는 치즈 창고에 더 많은 관심을 보이는 것 같아 약간 서운해하며 대답했다.

"또 뭘 봤는데?" 카산드라가 물었다.

비지오는 "자세히 못 봐서 모르겠어. 원로님을 부축해드리느라 정신이 없어서 창고 안은 잠깐만 들여다볼 수 있었거든"이라고 대답했다.

그러자 로지오가 "창고 입구 쪽의 비어 있는 공간은 어떤 용도로 사용하는 걸까?"라고 말했다.

카산드라는 "좋은 질문이야 로지오. 입구 쪽의 빈 공간에도 원래 치즈가 쌓여 있었을지 궁금하네"라고 말했다.

마우리도 옆에서 거들었다. "정말 큰 창고네. 치즈가 정말 많이 들어가겠다. 원래 치즈가 얼마나 많이 있었을까? 창고에 치즈가 가득 있었다면 지금은 다 어디 있는걸까?"

그 때 카산드라가 "치즈가 모두 없어져버릴 수도 있을까? 그렇게 되면 어떻게 하지?"라고 걱정스러워했다.

비지오는 "잠깐만!"이라고 외치며 "창고 안에는 치즈가 많이 있었어. 문제가 있었다면 원로들께서 말씀을 하셨겠지. 아마 새 치즈를 찾고 계실 거야"라고 안심시켰다.

광장의 시계가 12시를 알렸다. 비지오는 "도서관에서 누굴 좀 만나기로 했는데 늦었네. 나 먼저 갈게!"라고 친구들에게 인사한 다음 도서관으로 향했다. 비지오는 도서관에서 시간을 보내는 것을 좋아했다. 재미있는 책이 좋기도 했지만 도서관 사서인 필로 아저씨와 친했기 때문이다. 필로 아저씨는 마을의 최고령자이자 설립자를 실제로 잘 안다고 할 수 있는 몇 안 되는 사람 중 하나였다. 필로 아저씨는 어린 시절 방과 후에 설립자의 도서관에서 일한 적이 있었다. 성인이 되자 마을에서 여러가지 일을 맡아서 했지만 도서관 일만큼은 손에서 놓지 않았다. 그리고 지금은 도서관 관리에 전념하고 있었다.

도서관에는 방문자가 많지 않으므로 필로 아저씨의 주요 업무 중 하나는 책에 쌓인 먼지를 터는 것이었다. 그래서 먼지를 털면서 비지오에게 설립 초기 마을에 대해 많은 이야기를 들려줄 수 있었다. 비지오는 오늘 치즈 창고에서 있었던 일을 필로 아저씨에게 어서 빨리 들려주고 싶었다.

비지오가 오늘의 일을 이야기하자 필로 아저씨는 원로를 재빨리 도와준 비지오를 칭찬했지만 비지오는 이렇게 말했다. "원로들께서 제가 치즈 창고 안을 들여다봐서 싫어하시는 것 같았어요. 그런데 창고의 깊은 안쪽 끝에 쌓여 있는 치즈 말고는 볼 게 없었어요. 친구들은 입구 쪽의 빈 공간을 무슨 용도로 사용했을까 궁금해 했는데 다들 모르겠다고 하더라고요."

필로 아저씨는 "내가 젊어서 매주 배급되는 치즈를 보관할 선반을 제작할 때 창고 안을 볼 기회가 있었지. 그 당시에는 창고 안에 치즈가 가득 차있었어"라고 말했다.

비지오는 "어떤 친구들은 치즈가 점점 줄어들고 있다고 걱정스러워해요. 카산드라는 창고의 입구 쪽까지 치즈로 가득 차있었는지 궁금해 했어요. 아저씨는 지금 창고 입구 쪽이 왜 비어 있다고 생각하세요?"라고 물었다. 필로 아저씨는 어깨를 으쓱하며 말했다. "치즈는 원로들만 관리하니 그들만이 이유를 알 것 같구나."

"제가 본 것이 원로들께 말씀드려야 할 만큼 중요하다고 생각하세요? 저는 창고 안을 보려고 한 게 아니었어요. 그냥 우연히 보게 된 거예요." 비지오가 말했다.

필로 아저씨는 잠시 생각을 한 후 "때로는 예상치 못한 순간에 중요한 발견을 하기 마련이야. 네가 본 것을 그냥 잊기로 한다면 그것이 중요한지 그렇지 않은지 알 길이 없을 거야"라고 말했다.

도서관을 나와 집으로 걸어가는 비지오의 머릿속에서 필로 아저씨의 말이 계속 맴돌았다. 비지오는 마을의 치즈가 점점 줄어들고 있다면 원로들도 그 사실을 알아야 한다고 생각했다. 그리고 광장의 벤치에 앉아 일기장에 다음과 같이 적은 뒤, 집으로 계속 걸어갔다.

예상치 못한 순간에 중요한 것을 발견할 수도 있다.

집으로 가는 길에 비지오는 원로 회관의 로비에 있는 카페에 들렀다. 문가의 테이블에 한 원로가 앉아 있었다. 비지오는 "저기 앉아 계신 저 분은 누구시죠?"라고 바리스타에게 물어보았다. 바리스타는 "저 분은 최고 원로, 그러니까 CEO(The Chief Elder in Office)세요. 저녁 퇴근길에 카푸치노를 한 잔 하러 가끔 들르시죠"라고 속삭였다.

치즈에 대한 궁금증을 해소하려면 원로들에게 직접 물어봐야 할 것이라는 필로 아저씨의 말을 기억한 비지오는 CEO가 막 일어서려는 순간 그에게 접근했다. 비지오는 평소보다 약간 높은 톤의 목소리로 "안녕하세요 원로님,

예상치 못한 순간에
중요한 것을 발견할 수도 있다.

시간을 방해해서 죄송합니다만 궁금한 것 한 가지만 여쭤봐도 될까요? 오늘 아침에 제가 우리 마을의 운명을 좌우할 수도 있는 중요한 것을 목격했습니다. 바로 창고에 보관된 치즈인데요. 아침에 우연히 창고 안을 볼 기회가 있었는데 창고가 많이 비어 있다는 것을 알게 되었습니다. 지금의 상태가 계속 진행된다면 곧 치즈가 떨어질 것 같아 걱정스러운데요, 치즈가 전부 사라지면 어떻게 해야 하나요?"라고 물었다.

CEO는 얼굴을 찌푸리고는 비지오에게 진지한 목소리로 물었다.

"저기, 누구라고 하셨죠?"

"제가 이름을 말씀 안 드렸네요. 비지오라고 합니다."

CEO는 "비지오 씨, 설립자께서는 마을의 모든 사람들에게 치즈를 나누어 주셨고 원로들은 설립자께서 하셨던 그대로 마을을 관리합니다. 치즈는 항상 풍족했고 어떤 문제도 없습니다. 실례지만 이만 가봐야 겠습니다"라고 말하고 자리를 떠났다.

　다소 실망한 비지오는 커피를 들고 빈 테이블로 갔다. '생각처럼 잘 안 됐네'라고 생각한 비지오는 의자에 앉아 일기장에 두 번째 메모를 남겼다. 비지오가 일기장에 적어 둘만큼 중요한 깨달음을 하루에 한 번 이상 얻는 일은 아주 흔치 않았다.

　　　단순히 문제를 지적하는 것만으로는 행동으로
　　　　　　이어지게 할 수 없다.

단순히 문제를
지적하는 것만으로는
행동으로 이어지게
할 수 없다.

2.
원로들과
대면할 준비를 하다

다음 날 아침 비지오는 친구들에게 CEO와 만나 치즈 창고에 관해 대화한 것을 이야기하고 싶어 안달이 났다.

"치즈 창고가 많이 비어 있는 이유는 원로들만 알 거라고 필로 아저씨께서 말씀하셨어. 어제 카페에서 CEO께 여쭈어 보았는데 치즈가 다 떨어지는 일은 없을 거라고 하시더라고. 그래서 그냥 잊고 넘어가 버릴까 해"라고 비지오는 말했다.

브로모가 말했다. "그럼 끝난 거네, 그냥 잊어버리자."

"어떻게 그럴 수가 있어?" 카산드라가 항의했다.

"그래, 어떻게 그냥 없던 일이라고 생각할 수가 있어?"
로지오와 마우리도 거들었다. 브로모와 다른 두 친구는 가만히 있었다.

"카산드라와 로지오 말이 옳아." 비지오가 말을 이었다.

"어제 준비가 안 된 상태로 카페에서 CEO께 말을 걸어서 내 말을 안 들으려고 하신거야. 그런데 원로 회관에 있는 그 카페에서 원로들에게 누구나 질문을 할 수 있는 공개 간담회가 2주 후에 열린다는 공고를 보았어. 그래서 말인데 우리가 데이터를 수집해서 치즈 공급에 문제가 생길 수도 있음을 발표하는 게 어떨까?"

"원로들께 그런 걸 여쭤봐도 괜찮을까? 불쾌해 하시면 우리는 어떻게 되는거지?" 카산드라가 걱정스러워 했다.

"하지만 공개 간담회잖아. 누구나 하고 싶은 말을 할 수 있는 자리야. 그렇지 않아? 우리가 우려하고 있는 문제를 뒷받침할 수 있는 데이터를 충분히 수집하고 대처 방법을 제안한다면 그분들도 우리 말을 들어보실 거야. 잠재적 공급 차질 문제를 지적했다고 보상을 주실지도 몰라"라고 비지오는 주장했다.

"그럴지도 모르지만 난 왠지 느낌이 안 좋아." 카산드라는 걱정스러워하며 말을 이었다. "원로들께 문제를 제기하는 사람은 아무도 없어. 우리 마을과 관련된 모든 결정은 그분들께서 내리셔. 치즈 창고에 대해 물어봐서 기분 나빠하시면 어쩌지? 창고 안을 엿봤다고 벌을 주실 수도 있고. 원로들 말고는 어느 누구에게도 접근이 금지된 곳이잖아. 또…."

비지오는 카산드라의 말을 잘랐다. "카산드라! 난 치즈 창고 안에 몰래 들어간 게 아니야. 넘어진 원로님을 부축해드리면서 어쩌다 안을 보게 된 거야. 그것 때문에 왜 내가 처벌을 받겠어? 분명 원로들은 치즈가 다 떨어지지 않도록 어떤 조치를 취하고 계신지 알려주실 거야. 겁날 건 하나도 없어. 그럼 너희들 중 누가 데이터 수집을 도와줄 거야?"

브로모와 다른 두 명의 친구들은 나름대로의 이유를 대며 도움을 주기 힘들다고 말했다.

"너희들이 그럴 거라곤 생각을 못했네." 비지오는 말했다. 이제 카산드라, 마우리, 로지오만 남아 있었다.

"너희들은 어때? 날 도와줄 거야?" 비지오가 물었고 남은 친구들은 조금 망설이면서도 도움을 약속했다. 네 명은 그렇게 계획을 세웠다. 공개 간담회에 대한 대비를 철저히 해야 한다는 데에는 모두가 동의했다.

"원로들에게 난 특별할 것 없는 마을 주민 중 하나일 뿐이야"라고 비지오는 말했다.

비지오와 친구들은 원로들이 자신들의 말에 귀를 기울이게 하려면 데이터가 필요하며, 치즈가 완전히 사라질 지도 모른다는 우려를 뒷받침 할 수 있는 데이터를 제시해야 한다는 데 동의했다. 그래서 데이터를 수집하기로 했지만 어떤 데이터를 수집할지 정하는 것이 문제였다.

"우선 처음에 얼마나 많은 치즈가 있었는지, 지금은 치즈가 얼마나 남았는지, 그리고 남아 있는 치즈로 얼마나 버틸 수 있는지 예측한 데이터가 필요해"라고 비지오가 말했다. 마우리는 지도를 만드는 데 재주가 있었으므로 발걸음으로 치즈 창고의 대략적인 크기를 재고 창고의 부피를 보여주는 도표를 작성하기로 했다. 비지오가 본 창고 안의 상황을 바탕으로 창고의 빈 공간을 예측해서 현재 치즈가 쌓여 있는 공간은 얼마나 되는지 가늠하기로 했다.

카산드라는 마을이 설립된 이후부터 얼마나 많은 사람들이 치즈를 배급받았는지 알아보기 위해 필로 아저씨의 도움을 받아 인구 기록을 찾아보기로 했다. 로지오는 마을의 인구 증가율을 예측하는 일을 맡았다. 비지오는 이렇게 수집된 모든 정보를 종합하여 남아 있는 치즈가 다 떨어질 때까지 얼마나 걸릴지 예측하기로 했다.

며칠 후 네 명의 친구들은 모여 머리를 맞댔다. 이들은 인구 증가율과 1인당 치즈 소비량으로 미루어볼 때 현재 남아 있는 치즈는 앞으로 5년밖에 버틸 수 없는 양이라고 결론 내렸다.

"드디어 원하던 데이터를 얻었어! 원로들은 우리 말을 심각하게 받아들이실 수 밖에 없을 거야." 비지오는 외쳤다. 이 때 "데이터를 보기 좋게 정리하는 게 어떨까?"라고 로지오가 말했다. 마우리도 동의하며 "도표와 그래프가 필요해. 그건 내가 그려볼게"라고 말했다.

며칠 후 네 명의 친구들은 공원에서 다시 만났다. 비지오, 카산드라, 로지오는 마우리가 그린 그래프(〈그림 3〉 참조)를 보고 호평했다.

비지오는 "문제를 보여주는 데 딱 맞는 그래프야"라고

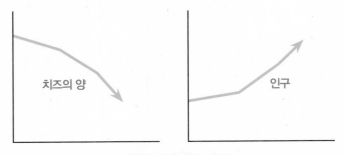

〈그림 3〉 마우리의 그래프

동의하면서도 "그런데 문제를 어떻게 해결해야 할까?"라며 걱정스러워했다. 로지오가 먼저 입을 열었다. "우리 마을에는 치즈 창고 말고 다른 곳에는 치즈가 없어. 그러니까 이미 가지고 있는 치즈의 양을 늘릴 수 있는 방법이 없다면 새로운 치즈를 찾아야 해."

열띤 토론이 이루어졌지만 네 명의 친구들은 막다른 골목에 들어선 느낌이 들었다. 누구도 문제에 맞는 해결책을 생각해내지 못한 것 같았기 때문이었다.

"공개 간담회가 일주일 앞으로 다가왔어. 계획을 세울만큼 충분한 시간이 없어. 그러니까 도서관에 가서 필로 아저씨께 도와주실 수 있는지 한 번 여쭤볼까?"라고 비지오가 제안했다.

필로 아저씨는 네 명이 지금까지 해낸 일에 놀라워하며 도움을 달라는 요청에 이렇게 말했다. "어떻게 도와줄 수 있는지 생각해보겠지만 시간이 좀 걸릴 거다."

시간이 걸릴 것이라는 말에 마음이 급해진 비지오는 "데이터는 우리가 가지고 있어요. 문제 해결을 위한 계획 수립은 원로들께서 하셔야 할 일이에요. 데이터를 제시하면 원로들이 치즈 공급에 문제가 생길 것임을 알고 계획을 세우실 거예요"라고 말하면서 "이제 카페에 가서 자축할까요?"라고 제안했다.

비지오는 원로들에게 보여주려고 작성한 발표 자료 때문에 너무 들떠서 그날 밤 잠을 이룰 수가 없었다. 발표를 준비하는 과정에서 신났던 일도 생각났지만 브로모를 비롯한 다른 친구들이 도움을 주지 않은 것도 머릿속에서 떠나지 않았다. 비지오는 일기장을 꺼내서 다음과 같은 메모를 남기고 '공개 간담회가 열리는 다음 주까지 어떻게 기다리지?'라고 생각했다. 그제서야 잠이 들 수 있었다.

혁신적이고 새로운 아이디어를 제안하는 경우
동료들이 등을 돌릴 수도 있다.

혁신적이고
새로운 아이디어를
제안하는 경우 동료들이
등을 돌릴 수도 있다.

3.
원로들과의
첫 번째 만남

일주일 후 공개 간담회 날 저녁이 다가왔다. 비지오, 로지오, 마우리 그리고 카산드라는 한껏 차려입고 원로 회관으로 향했다. 회관에 도착한 일행은 간담회장 뒤쪽에 자리 잡았다. 다른 참석자들은 대부분 마을의 연로한 주민들이었고 이들은 간담회장이 반쯤 찰 때까지 천천히 들어와 자리에 앉았다.

"모두 자리에서 일어나 주시기 바랍니다"라고 진행자가 앞쪽에서 외쳤다. 곧 원로들이 들어와 간담회장 앞쪽 무대의 긴 테이블 뒤에 놓인 의자에 착석했다. 원로들 뒤편으로는 무대보다 살짝 높은 연단이 있었으며 여기 놓인 의자에는 CEO가 앉았다.

"모두 자리에 앉아 주십시오." 진행자가 말했다.

사람들이 자리에 앉자 첫 번째 원로가 15분간 소감을 발표했다. 원로들은 한 명씩 돌아가며 발표했다. 두 시간쯤 지나고 마지막 원로가 발표를 마치자 간담회장에는 정적만 흘렀다.

그 때 진행자의 목소리가 울려 퍼졌다. "질문 있으십니까?" 하지만 아무도 미동조차 하지 않았으며, 그런 상태로 꽤 오랜 시간이 지나가는 것 처럼 느껴졌다. 마침내 나이든 참석자 중 한 명이 자리에서 일어나 "우리 주민들에게 이런 정보를 공유해주신 것에 대해 원로들께 감사를 드리고 싶습니다"라고 말하고 다시 자리에 앉았다. 다른 사람들은 아무도 질문이 없는 듯 했다.

비지오는 크게 숨을 들이쉬고 자리에서 일어났다. 모두의 눈길이 그에게 쏠렸다. 목이 잠기지 않도록 애쓰면서 말했다. "며칠 전 치즈 창고 앞에서 넘어진 원로 한 분을 부축해드리게 되었습니다. 그러다 우연히 창고 안을 보게 되었는데 창고에 빈 공간이 많다는 것을 알게 되었습니다. 친구들에게 그 사실을 털어놓았는데 다들 치즈가 모두 동이 나 버리지는 않을까 걱정스러워했습니다."

간담회장의 모든 사람들이 고개를 돌려 비지오를 바라보았다. 사람들은 젊은 사람이 원로들에게 그런 말을 꺼냈다는 사실에 깜짝 놀란 듯한 표정을 지었다. 원로들 몇 명은 서로 눈빛을 교환했지만 대부분 돌처럼 굳은 얼굴로 비지오의 얼굴을 똑바로 쳐다보았다. 비지오는 자기도 모르게 약간 몸을 떨었다.

"저와 제 친구들은 데이터를 수집해서 우리 마을에 치즈가 사라질 확률을 알아보기로 했습니다." 비지오가 이야기하자 로지오는 마우리가 그린 그래프를 꺼내 들어올렸다(〈그림 4〉 참조).

"저희 데이터에 따르면 지금까지 소비된 치즈의 양과 치

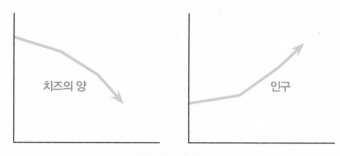

〈그림 4〉 마우리의 그래프

즈 창고의 빈 공간은 일치하는 것으로 나타났습니다. 우리 마을의 주민 수는 급격한 증가세에 있기 때문에 우리 세대에서 치즈가 다 떨어질 것을 알 수 있었습니다. 저희 예측에 따르면 앞으로 5년 뒤에는 치즈가 모두 바닥날 것입니다"라고 비지오는 계속 말했다.

드디어 CEO 원로가 입을 열었다. "비지오 씨 맞지요?"

"네 그렇습니다." 비지오가 대답했다. "이번 주 초에 카페에서 저와 마주치셨죠. 비지오 씨, 치즈 창고 안을 볼 수 있는 것은 원로들뿐입니다. 일반 주민들의 접근은 금지

되어 있어요. 하지만 넘어진 원로를 부축해주느라 보게 된 것이니 이번 위반은 눈감아 드리겠습니다. 남아있는 치즈의 양에 대한 데이터가 흥미롭기는 하지만 치즈는 설립자께서 마을에 하사하신 것입니다. 설립자의 지혜에 이의를 제기해서는 안 됩니다"라고 말했다.

"하지만 데이터를 보면 확실히 문제가 보입니다. 문제에 대한 해결책을 세워주셔야 합니다!" 비지오는 물러서지 않았다. 간담회장 여기저기서 탄식이 터져나왔다.

"비지오 씨, 치즈가 부족해지는 일은 없을 거라고 이미 말씀드렸습니다. 데이터가 잘못된 게 분명해요. 설립자께서 치즈를 제공해 주셨고 마을에는 항상 치즈가 풍족했습니다." 이렇게 말한 CEO 원로는 진행자에게 손짓을 했다.

"모두 자리에서 일어나 주십시오"라고 진행자가 말했고 간담회는 종료되었다. 대부분의 원로들은 즉시 간담회장을 빠져나갔다. 하지만 비지오는 그가 문제를 제기하자 서로 눈빛을 교환했던 일부 원로들이 자리에 남아 의논을 하고 있음을 눈치챘다.

원로 회관을 나서면서 모든 참석자들은 비지오와 친구들의 눈을 피했다. 비지오와 친구들은 집에 걸어오면서 그날 있었던 일에 대해 이야기했다.

"브로모랑 다른 친구들 말이 맞았나봐. 그냥 조용히 넘어갈 걸 그랬어." 비지오가 말했다.

"아니야!"라고 카산드라가 반발했다. "오늘은 실패했지만 실패는 배움의 기회야. 우리 네 사람은 치즈가 모두 없어져버릴 거라고 확신하고 있어. 그리고 어떤 조치가 필요하다는 것도 알고 있어. 이렇게 생각하는 사람들은 우리밖에 없어. 그러니까 오늘 밤 일을 분석하고 원로들을 설득시킬 수 있는 방법을 찾아보자. 지금 그만둬서는 안 돼. 너무 중요한 문제인걸."

카산드라 덕에 비지오와 친구들은 다시 기운을 냈다. 모두 그 날 일어난 일에 대해 생각해보고 다음 날 도서관에서 만나 계획을 세우기로 했다. 원로들이 분석 결과를 받아들이고 치즈가 부족해지는 상황에 대비해 필요한 조치를 취할 수 있도록 이들을 납득시킬 수 있는 방법을 생각해보기로 했다.

집에 돌아온 비지오는 그 날 있었던 일을 곰곰이 생각했다. 그리고 몇 분 지나지 않아 소파에서 잠이 들었다.

4.
원로들과의
두 번째 만남

네 명의 친구들은 어제의 일과 앞으로의 계획에 대해 의논하려고 도서관에서 만났다. 논의를 시작한지 얼마 지나지 않아 필로 아저씨가 사무실에 가던 길에 잠시 들렀다.

"안녕 비지오, 카산드라, 마우리, 로지오. 어젯밤에 있었던 일에 대해 나도 들었다. 용기 있게 원로들 앞에서 발표를 했더구나." 필로 아저씨가 반갑게 말했다.

"그런데 원로들께서 저희 말을 안 믿으셨어요. 전혀 진척이 없었어요"라고 비지오가 말했다.

"간담회가 끝난 후 그냥 모든 걸 없던 일로 할까도 생각해봤어요. 하지만 그러기엔 문제가 너무 심각하다고 결론 내렸어요. 문제에 대해 더 알아갈수록 그 심각성도 더욱 깨닫게 되었죠. 원로들께서 지금까지 왜 문제를 인지하지 못하셨는지, 그리고 왜 치즈가 계속 공급될 수 있도록 조치를 취하지 않으셨는지 모르겠어요"라는 말도 덧붙였다.

"어젯밤 간담회에서 네가 어떻게 했는지는 들어서 잘 알고 있다. 넌 문제에 대한 데이터는 충분히 가지고 있었을지 몰라도 문제에 어떻게 대응할 것인지는 전혀 제안하지 않았어. 원로들이 마을 설립 이후부터 지금까지 똑같은 방식으로 의사결정을 해왔다는 사실을 고려하지 않은 거야. 자신들에 대한 비판으로 받아들여질 수 있는 질문을 받는데 익숙하지 않은 거지. 사람을 변하게 하려면 팩트를 제시하는 것만으로는 부족할 때도 있어. 특히 오랫동안 어떤 일을 문제 없이 해왔던 경우라면 더욱 그렇지. 일단 문제에 대처하기 위한 계획을 세워야 하고 그 계획을 실천하는 데 도움을 달라고 원로들을 설득해야 해. 원로들을 설득시키는 데는 내가 도움을 줄 수 있을지 모르겠지만 계획을 세우는 건 너희들이 해야 할 일이야"라고 필로 아저씨는 말했다.

네 명의 친구들은 거의 동시에 그 말에 찬성하며 "맞아요! 계획이 필요해요! 원로들을 마냥 기다릴 게 아니라 계획부터 세워야겠어요!"라고 말했다.

하지만 비지오의 들뜬 감정은 오래가지 않았다.

비지오는 "맞아요 계획이 필요하죠. 그런데 어떤 계획이요? 우린 계획을 어떻게 세워야 하는지 잘 몰라요. 그건 원로들께서 하셔야 할 일이잖아요"라고 말했다.

"계획을 세우는 건 원로들만 해야 하는 일이 아닐지도 몰라." 카산드라가 말을 이었다. "세상에 모든 것을 내다보고 모든 상황에 대비할 수 있을만큼 똑똑하거나 현명한 사람은 없어. 마을 주민 모두가 계획을 세우는 데 참여해야 한다고 생각해. 모두 한 배에 탔으니까 말이야. 원로들과 주민들 모두 똑같은 곳에서 치즈를 배급받잖아. 원로들이 행동에 나서지 않으면 우리가 해야 한다고 생각해."

"하지만 더 많은 치즈를 어디서 찾을 수 있을까?" 로지오가 말했다. "마을에 뭐가 있는지 속속들이 알고 있는데 창고 말고는 치즈가 하나도 없어."

이어서 로지오는 "원로들은 중요한 결정을 내리기 전에 항상 '설립자라면 어떻게 하셨을까?'라고 생각해보잖아. 우리도 똑같이 해보는 게 어떨까? 이 문제를 해결하기 위해 설립자라면 어떻게 하셨을까? 필로 아저씨, 아저씨는 설립자를 직접 만나보셨잖아요. 그분께서는 어떻게 하셨을까요?"라고 물었다.

"잠깐만 기다려다오"라고 말한 필로 아저씨는 책 더미 사이로 사라졌다. 잠시 후 먼지 쌓인 책 하나를(〈그림 5〉 참조) 들고 나타난 아저씨는 "설립자의 도서관에서 찾은 책인데 그분이 직접 쓰신 메모가 적혀 있단다. 너희들이 계획을 세우는 데 도움이 될지도 몰라"라고 말했다.

비지오 일동은 "설립자가 읽으시던 책이라구요? 대단해

요!"라고 외쳤다.

표지에 쌓인 먼지를 입으로 불자 표지의 일부가 닳아서 찢어졌음을 알 수 있었다. 그래서 제목 중 일부인 '…내 치즈'만 확인할 수 있었다. 얇은 책이었고 내지의 제목 밑에는 설립자가 손수 쓴 글이 있었다. '마을을 설립하게 된 계기가 된 책'이라고 적혀 있었다.

〈그림 5〉 설립자의 책

네 명의 친구들은 조용한 구석을 찾아 책을 소리내어 읽었다. 다 읽고 나서 일동은 서로를 쳐다보며 "이제 무엇을 해야 할 지 알겠어"라며 결의를 다졌다.

네 명은 다음 번 공개 간담회를 손꼽아 기다렸다. 드디어 그 날이 되자 이들은 일찍 간담회장에 도착해 원로들 바로 앞 첫째 줄에 자리를 잡았다. 간담회는 평소와 동일하게 진행되었고 마침내 진행자가 "질문 있으십니까?"라고 물었다.

이번에는 비지오가 망설임 없이 일어나 질문을 던졌다. "지난번 간담회에서 치즈가 줄어들고 있음을 보여주는 데이터를 발표했었습니다. 하지만 데이터만 발표했을 뿐 대응 계획은 제시하지 않았던 점에 대해 사과의 말씀을 드려야 할 것 같습니다. 이번에는 계획을 가지고 왔습니다. 설립자의 도서관에서 설립자께서 직접 쓰신 메모가 있는 책을 발견했습니다." 비지오는 모두가 볼 수 있도록 책을 들어올리고 이렇게 말했다. "이 책을 토대로 계획을 세울 수 있었습니다. 우리 계획은 바로 마을 밖의 미로에서 치즈를 찾는 것입니다."

순식간에 간담회장이 술렁거렸다. 원로들은 서로를 바라보았다. 매우 긴 시간처럼 느껴진 정적을 드디어 깨고 CEO 원로가 말했다. "우린 중요한 결정을 내릴 때 항상 '설립자께서는 어떻게 하셨을까?'라고 묻습니다. 책 속에 어떤 내용이 있길래 이렇게 위험한 계획을 제안하게 되셨습니까?"

비지오는 망설이지 않고 대답했다. "설립자께서는 이 책 덕분에 미로 속으로 들어가 탐색할 수 있는 용기를 얻었다고 하셨습니다. 이 곳에서 방대한 양의 치즈를 발견하시고 마을을 설립하셨습니다. 그 분은 미로 속으로 들어갈 용기가 있었습니다. 우리도 설립자와 같은 용기를 가지고 똑같이 행동해야 한다고 생각합니다."

"지금 무슨 말을 하는지 알고 있는 겁니까?" CEO 원로가 물었다. "지난 몇 년간 무모한 주민 몇 명이 미로 속으로 들어갔지만 아무도 돌아오지 못했어요. 그래서 그런 생각에 강하게 반대하는 겁니다. 그런데도 우리에게 미로 속으로 들어가 치즈를 찾으라고 하는 겁니까?"

"그런 뜻은 아닙니다." 비지오가 대답했다. "원로회가 허락을 하고 필요한 자원을 제공해주신다면 저와 제 친구들이 직접 미로 속으로 들어가 새로운 치즈를 찾아보겠다는 말입니다."

마우리는 대형 지도(〈그림 6〉 참조)를 꺼내 모두가 볼 수 있도록 들어올리고 말했다. "마을 입구에서부터 도서관까지의 위치를 보여주는 마을의 지도입니다. 대부분의 사람들이 지도에 별 관심을 두지 않고 지나가지만 저는 항상 지도를 유심히 살폈습니다. 우리가 어디서 더 많은 치즈를 찾을 수 있을지 지도를 보면 알 수 있습니다."

마우리는 잠시 숨을 고르고 말을 이었다. "생각해 보십시오. 공동체 어디에 무엇이 있는지는 주민 모두가 잘 알고 있고 치즈는 치즈 창고에만 있다는 사실도 잘 알고 있

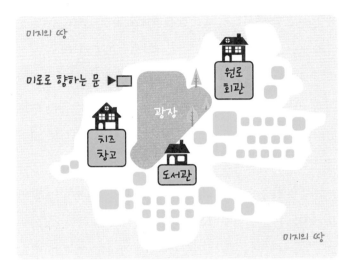

미지의 땅

미로로 향하는 문 ▶ □

광장

원로
회관

치즈
창고

도서관

미지의 땅

〈그림 6〉 마을의 지도

습니다. 하지만 미로 속에 무엇이 있는지는 아무도 모릅니다. 마을 밖으로 눈을 돌려 미로 속에 치즈가 있는지 찾아보아야 합니다."

잠시 생각에 잠겼던 CEO 원로가 말했다. "네 사람이 미로 속으로 들어가 더 많은 치즈를 찾아보겠다는 말입니까? 온갖 위험이 도사리고 있을텐데요."

카산드라가 말했다. "무섭긴 하지만 가장 두려운 것은 미지에 대한 두려움입니다. 미로가 두려운 이유는 그것에 대해 아는 것이 없기 때문입니다. 괴물들이 가득할 수도 있지만 치즈로 가득할 수도 있어요. 그래서 용기를 내어 알아보려는 것이죠."

로지오가 처음으로 목소리를 냈다. "카산드라 말이 맞아요. 미지의 것을 마주했을 때 두려움 때문에 꼼짝 못할 수도 있고 자신감을 가지고 맞설 수도 있어요. 마우리 말도 맞아요. 치즈를 더 이상 찾을 수 없는 곳이 어디인지는 모두 알고 있어요. 미로 속에 치즈가 더 있을지 없을지 아무도 모르지만 찾아볼 곳은 미로 밖에는 없어요."

비지오가 이어서 말했다. "저희는 미로에 대한 소규모 탐험을 시도해서 그 안에 무엇이 있는지 확인하고 지도를 제작하고자 합니다. 탐험대는 제가 이끌도록 하겠습니다. 마우리는 지도 제작에 뛰어난 재능이 있으니 동행하도록 하고요. 카산드라는 기회와 위협 요인을 예측하는 데 재능이 있으므로 가이드 역할을 맡을 것입니다. 로지오는 물자 관리를 할 예정이고요, 5일 정도면 미로 속에 기회가 있는지 대략 파악할 수 있을 것이라고 생각합니다.

치즈 약 18kg과 지도 제작에 필요한 도구, 그리고 기타 물품들이 필요할 것 같습니다. 원로님들께서 지원을 약속해 주신다면 분명 해낼 수 있을 것입니다. 저희가 아무 것도 찾지 못해도, 또 다시 돌아오지 못하더라도 잃을 것이 없지 않습니까?"

CEO 원로는 다른 원로들의 표정을 살피고 말했다. "책을 이리 주십시오, 비지오 씨. 원로회가 30분 동안 논의해 보도록 하겠습니다."

진행자가 선포했다. "모두 자리에서 일어나 주십시오. 잠시 후에 간담회를 계속 진행하도록 하겠습니다."

원로들은 회의실로 들어갔다. 원로회 중 한 명이 먼저 입을 열었다. "말썽만 일으키는 녀석들 같으니. 분명 주민들에게 두려움만 심어줄 거예요. 더 이상 못 떠들게 만들어야겠어요."

그 때 다른 원로가 "하지만 그들 말이 맞으면 어떻게 합니까?"라고 말했다.

먼저 말을 꺼낸 원로는 "마을에 치즈가 모자란 적은 없었습니다. 설립자 덕분에요"라고 반박했다.

"하지만 설립자 소유의 책을 가지고 와서 원로들 입장이 곤란하게 되지 않았습니까. 그들의 말을 무시하면 설립자의 가르침을 무시하는 것처럼 보일 겁니다. 그러니까 그들이 미로를 탐색하도록 놔둡시다. 치즈를 찾으면 좋겠지만 그들이 돌아오지 못하면 더 이상 시끄러울 일은 없을 것 아닙니까"라고 두 번째 원로가 제안했다.

토론은 계속되었다. 치즈가 줄어들고 있다고 인정한 원로도, 그렇지 않은 원로도 있었고 나머지는 입장을 전혀 밝히지 않았다. 결국 투표가 실시되었다.

몇 시간같이 느껴진 30분이 지나고 원로들이 돌아왔다.

진행자는 "모두 자리에서 일어나주시기 바랍니다"라고 외쳤다. CEO는 일어선 채로 말했다. "모두 앉아주시기 바랍니다. 비지오 씨의 계획에 대해 논의한 결과 미로를 탐험하는 데 필요한 지원을 하기로 결정했습니다. 하지만 위험도 감수해야 한다는 점을 일깨워드리고 싶습니다. 다치고 상처투성이인 채로 돌아오더라도 치즈가 떨어져 버릴 것이라든지 미로를 다시 탐험하겠다는 말은 하지 않도록 해주십시오. 동의하십니까?"

"예, 모두 동의합니다." 비지오가 대답했다.

"언제 출발하실 예정입니까?"

"이번 주 말에는 준비가 다 끝날 것 같습니다. 필요한 물자가 적힌 리스트를 드리겠습니다. 감사합니다." 비지오가 말했고 원로들은 자리를 뜨려 몸을 일으켰다.

"모두 일어나 주십시오." 진행자가 다시 한 번 말했다. 네 명의 친구들은 원로들이 원로 회관을 떠날 때까지 기다린 다음 하이파이브로 자축했다.

- 의사결정자들에게 변화의 필요성을 납득시키려면 사실관계와 계획만으로는 충분하지 않다.

- 가장 큰 두려움은 모르는 것에 대한 두려움이다.

🪨 의사결정자들에게
변화의 필요성을 납득시키려면
사실관계와 계획만으로는
충분하지 않다.

🪨 가장 큰 두려움은
모르는 것에 대한 두려움이다

5.
탐험 중
불길한 장면을
발견하다

비지오와 친구들로 구성된 탐험대는 가져갈 물자의 수량을 기록하고 도서관에서 세운 계획을 점검하기 위해 미로 입구에서 만났다. 탐험대는 네 명의 대원들로 이루어져 있었다. 비지오는 자연스럽게 탐험대장을 맡게 되었고 로지오, 카산드라, 마우리는 탐험의 성공을 위해 반드시 필요한 기술을 가지고 있었기 때문에 탐험대원으로 선택되었다. 로지오는 자원 관리 능력을 인정 받아서, 카산드라는 비판적인 사고와 예측 능력 덕분에, 그리고 마우리는 지도 제작과 측량에 재능이 있어서 선발되었다. 네 명 모두 도서관에서 정기적으로 만나 다양한 주제에 대해 토론하는 한 무리의 친구들 중 하나였다. 도서관에서 모이는 다른 친구들도 탐험에 참가하는 데 관심을 보였으나 원로들은 탐험대에 네 명이 5일 동안 필요한 양인 18Kg 가량의 치즈만 제공하기로 했다. 또한 원로들은 탐험대를 소규모로 꾸릴 것을 요구했다. 아무도 미로 속에 들어가 돌아오지 못했으므로 원로들은 리스크가 큰 탐험에 너무 많은 자원을 투자하는 것을 꺼렸던 것이다.

치즈 외에도 탐험대는 밧줄, 일지, 지도 제작을 위한 종이, 물자를 운반할 수레 몇 대, 촛불과 랜턴, 미로 속에서 지나온 길에 표시하기 위한 분필, 그리고 기타 필요한 장비를 가져왔다. 물론 정신적으로 힘이 되어 줄 설립자의 책도 가져가기로 했다.

비지오와 친구들은 탐험의 목표를 다음과 같이 정했다.

- 미로를 부분적으로 탐색한다.
- 지나온 길의 지도를 작성한다.

- 미로에 존재할 수 있는 기회와 위협 요인을 파악한다.
- 가능하면 탐험을 시작했을 때보다 더 많은 치즈를 가지고 돌아온다.

이들은 마지막 목표를 달성하지 못하더라도 안전하게 돌아와 미로에 대해 보다 광범위하게 탐험할 수 있도록 필요한 물자를 지원해달라고 원로들을 설득시킬 수 있기를 기대했다.

두 명의 원로들이 미로 입구를 막고 있던 육중한 문의 자물쇠를 풀고 힘겹게 문을 열었다. 마중 나온 사람들에게 인사하고 탐험대는 미로 속으로 들어갔다. 몇 발짝 떼지 않았을 때 등 뒤에서 문이 닫히고 자물쇠가 철컥 잠기는 소리가 들렸다.

로지오는 수레에 실린 보급품을 다시 한 번 확인했고 마우리는 지도를 그릴 종이를 펼쳐 탐험대의 출발 지점을 기록했다.

"드디어 미로에 들어왔구나. 이젠 우리 스스로 헤쳐나가

야 해." 마우리는 애써 평소보다 훨씬 더 씩씩한 목소리로
말했다.

탐험대는 현재의 위치를 살폈다. 미로로 향하는 문에서
는 길이 한 갈래로 나 있었으므로 그 길로 나아갔다. 돌아
올 때 똑같은 길을 되짚어 나올 수 있도록 갈래길이 나타
나거나 새로운 방을 지날 때면 마우리는 지도에 꼼꼼히 기
록하고 바닥에 분필로 번호를 표시했다. 탐험 첫 날은 마
우리가 짐이 무겁다고 쉴 새 없이 불평을 늘어놓았던 것을
빼고는 별 일 없이 지나갔다.

2일째 되는 날 탐험대는 썩어들어가고 있는 낡은 문으
로 이어진 샛길을 발견했다. 문을 열자 자신들의 마을만큼
이나 엄청나게 넓은 공간이 눈에 들어왔다. 하지만 그 안
을 목격하고 일행은 두려움과 충격으로 뒷걸음질 쳤다.

그 안에는 폐허가 된 마을이 있었다. 건물들은 낡아서
쓰러져가고 있었으며 그 중 하나는 마을의 치즈 창고만큼
이나 컸다. 뿐만 아니라 백골이 된 주민들도 볼 수 있었

다. 안쪽으로 깊이 들어가자 손에 곰팡이가 생긴 치즈 부스러기를 든 해골 한 구가 유난히 눈길을 끌었다. 이 해골은 다른 해골들과는 다른 옷을 입고 있었다.

"우리와 똑같은 옷을 입고 있어!" 카산드라가 외치며 "오래 전에 우리 마을에서 미로를 탐험하러 떠났다가 다시는 돌아오지 못한 사람일까?"라고 물었다. "누가 알겠어. 기분 나쁜 곳이니 빨리 둘러보고 나가자." 비지오가 말했다.

탐험대는 치즈가 있는지 곳곳을 살폈다. 치즈 창고처럼 보이는 곳을 찾았으나 안에는 아무 것도 없었다. 창고 밖에는 점점 줄어들고 있는 치즈 배급량을 표시한 게시판이 아직 걸려 있었다. 어쨌든 매우 우울한 곳이었다.

몇 시간을 찾았지만 이곳에서 찾은 치즈라곤 아까 본 해골의 손에 쥐어진 부스러기 몇 조각뿐이었다. 마우리는 지도에 이 마을을 그려 넣었고 탐험대는 문을 닫고 다시 미로 속으로 들어갔다.

"무서운 곳이네." 로지오는 "이 마을은 처음에는 번성했었던 것 같은데 나중에는…"이라며 말을 잇지 못했다.

"결국 모두 죽었어!" 카산드라가 외치며 "치즈가 없어지자 모두 굶어 죽은거야. 우리 마을도 치즈를 더 찾지 못하면 그렇게 되고 말거야. 치즈가 떨어지지 않고 영원할 거라는 보장은 없잖아"라고 말했다.

"그런 일은 없을 거야. 그래서는 안 돼. 미로 속 어딘가에 치즈가 있을 거야. 우린 찾기만 하면 돼." 비지오가 말했다.

6.
어려운 결정을
내리다

탐험 3일째가 되자 물자 관리를 맡은 로지오는 비지오에게 치즈가 많이 남아있지 않음을 알리며 "지금 되돌아가지 않으면 마을에 도착하기 전에 치즈가 다 떨어져 버릴 거야"라고 말했다.

"조금만 더 가자. 이쪽 길을 한 번 살펴보고 싶어. 아직 지도에 기록도 안 했고 뭐가 있을지 모르잖아." 비지오의 목소리에는 다급함이 묻어나왔다.

"하지만 그럴만큼 치즈가 충분하지 않아. 지금 돌아가야 해." 로지오가 호소했다.

"로지오 말이 맞아. 지금 돌아가지 않으면 심각한 일이 생길 거야. 우리만큼 많은 걸 해낸 사람은 지금까지 없었으니 여기에 만족하자구. 원로들에게는 도움이 될 만한 걸 아무것도 발견하지 못했다고 보고하자. 미로 안에서 굶어 죽기는 싫어." 카산드라도 거들었다.

비지오는 친구들을 설득시키려 했다. "탐험에는 위험이 따르는 법이야. 위험을 감수하지 않으면 우리 탐험대는 미로에 들어가서 무사히 돌아올 수 있다는 것만 보여줄 수 있어. 그것만으로는 충분하지 않아. 미로 안에 무엇이 있는지 확인해야 해. 일일 치즈 배급량을 조금씩 줄여서 이틀만 탐험을 더 하도록 하자. 지금 포기하기엔 너무 멀리 왔어. 어떻게들 생각해?"

"그래 나도 함께 할게." 로지오가 대답했다. 열띤 토론 끝에 마우리도 비지오와 함께하기로 했지만 카산드라는 "아직도 예감이 좋지 않아. 누구도 미로에 들어갔다 무사히 돌아오지 못했어. 무모하게 탐험을 연장하면 우리도 그렇게 될 거야. 지금 돌아가도록 하자"라고 고집했다.

비지오가 대답을 하려 했지만 로지오가 먼저 나서서 말했다. "카산드라, 우리 모두 두려워하고 있어. 아마 비지오도 그럴 거야. 뭐가 있는지 모르는 미로 속을 탐험하는 것만으로도 벅찬데 치즈도 충분하지 않은 상태라면 위험이 상당히 커. 하지만 비지오 말이 맞아. 우리 목표는 더 많은 치즈를 찾는 것인데 지금까지는 수확이 없었어. 그래도 포기하면 안 돼. 우리 마을의 운명이 달린 일이잖아. 제발 우리와 함께 하자."

카산드라는 마지못해 그러기로 했지만 이렇게 말했다. "알았어 그렇게 할게. 하지만 문제가 생길 게 분명해."

하루가 더 지나고 일행은 새로운 길을 탐색했다. 일행이 지나 온 '버려진 마을'을 발견한 이후에는 비어 있는 방과 막다른 길목만 발견했다. 그리고 실망스럽게도 또다시 막다른 길에 다다르게 되었다. 막다른 길 옆 쪽으로 문이나 있었지만 탐험대가 살펴본 다른 방들처럼 이 방 역시 아무 것도 없었고 먼지만 두껍게 쌓여 있었다.

줄어든 치즈 배급량 때문에 대원들의 배에서 꼬르륵 소리가 났다. 지금부터는 두 시간 전에 마지막으로 지나 온 갈림길까지 온 길을 되짚어 가야 했다. 비지오는 낙담한 마음에 이렇게 생각했다. '모두 내 책임이야. 또 막다른 골목이잖아. 또 다른 버려진 마을이 아니라 다행이라고 생각해야지. 다음에는 뭐가 나올지 몰라. 카산드라가 옳았어. 이제 누구도 날 따르지 않을 거야.' 갈림길에 도착하자 비지오는 친구들에게 말했다. "카산드라가 맞았어. 이제 가지고 온 보급품도 다 떨어져 가는데 잘 알지도 못하는 길로 너희들을 안내한 건 잘못된 판단이었어. 그리고 미로 속에 어떤 위험이 있을지 어떻게 알아? 치즈를 더 찾고 싶지만 안 가본 샛길로 들어갔다가 모두를 위험에 빠뜨리게 하기 싫어. 집으로 돌아가자."

카산드라가 일어서서 말했다. 비지오는 "그것 봐. 내가 뭐랬어?"라는 원망을 들어도 할 말이 없다고 생각했지만

"잠깐만 기다려"라고 한 카산드라는 "내가 처음에 탐험 기간을 연장하는 데 반대했다는 걸 잘 알아. 하지만 그동안 비지오와 로지오가 한 말을 잘 생각해봤어"라며 비지오를 바라보았다.

"네 말이 맞아. 지금 포기하기엔 너무 멀리 왔어. 막다른 길은 일시적인 장애물일 뿐이야. 또 우리는 지도를 업데이트할 수 있는 새로운 정보도 많이 얻었잖아. 지도를 보면 다른 사람들도 이쪽엔 아무 것도 없다는 걸 알게 될 테니까 우린 어느 정도 성과를 거둔 셈이야. 미로에 대해 알게 되었으니까 말이야. 또 미로 속에 위험이 도사리고 있다는 것도 모두 알고 있었지만 무서운 일도 한 번 겪었고 다들 괜찮았어. 배급량을 좀 더 줄인다면 이쪽 샛길을 이틀쯤 더 탐험할 수 있을거야. 다음에 뭘 찾을 수 있을지 누가 알겠어? 비지오, 넌 문제를 발견했고 원로들이 우리 탐험대에 물자를 지원하도록 설득했어. 우리의 리더는 너야. 모두 널 믿고 탐험을 계속할 거야. 맞지 너희들?"

이 말에 모두 환호하며 "맞고 말고! 어서 탐험을 계속하자!"라고 외쳤다. 비지오는 마음이 한결 가벼워졌지만 우선 "고마워"라는 말밖에 나오지 않았다.

잠시 후 그는 "나 때문이 아니라 너희들 모두 덕분에 훌륭한 팀이 될 수 있었어. 로지오가 물자 관리를 그렇게 철저하게 하지 않았더라면 여기까지 올 수도 없었을 거야. 마우리의 지도 덕분에 왔던 길을 또 지나가지 않을 수 있었고 집으로도 무사히 돌아갈 수 있게 되었어. 그리고 카산드라의 예측 능력은 정확할 때가 더 많았지. 모두의 힘을 합친 덕분에 우리 팀이 실력을 발휘할 수 있었어. 우리 팀의 리더인 게 자랑스럽다. 어서 가자!"라고 말했다.

새로 들어선 길에서 두 시간을 탐험한 끝에 새로운 방이 나왔다. 하지만 이번 방은 좀 달랐다. 방의 한 구석에 치즈 덩어리가 쌓여 있었던 것이다. 탐험에 나서며 가져갔던 것보다 4~5배는 되는 양이었다. 매일 먹던 치즈와는 약간 달랐지만 냄새를 맡아보고 맛을 본 탐험대원들은 모두 새 치즈의 맛이 괜찮다는 데 동의했다. 들뜬 마음에 일행은 모두 배가 부를 때까지 치즈를 먹었다. 며칠 만에 처음으로 배불리 먹어 모두 기분이 좋았다.

치즈를 충분히 먹은 후 이제 어떻게 해야 할지에 대해 의논했다. 비지오는 "이쪽 길 끝까지 탐험하고 집으로 돌아가는 데 필요한 치즈의 양만큼은 따로 떼어놓자. 나머지 치즈는 가지고 가서 원로들께 드리도록 하자. 탐험에 나섰을 때보다 3배는 많은 양을 가지고 돌아갈 수 있을 거야. 그러면 원로들도 미로를 탐험할만한 이유가 충분하다는 걸 알게 되시겠지"라고 제안했다.

미지의 대상을 탐색할 때 실패의 위험을 감수해야 하지만
실패를 통해 많은 것을 배울 수 있다.

미지의 대상을 탐색할 때
실패의 위험을 감수해야 하지만
실패를 통해 많은 것을
배울 수 있다.

7.
마을로
귀환하다

탐험대가 마을로 돌아온지 이틀이 지났다. 원로회와 주민들 모두 이들이 미로 속으로 들어가 살아 돌아온 데 대해 놀라움과 안도감을 나타냈다. 축하 퍼레이드가 열렸고 대원들은 연사로 초청되었다. 탐험 계획에 찬성한 원로들은 자신들에게 공을 돌리며 "우리 원로들은 미로 속에 치즈가 더 있다는 것을 알고 있었고 탐험대가 그것을 입증했습니다"라고 말했다. 하지만 대부분의 사람들은 모든 것이 비지오와 그의 친구들이 미로 속을 탐험하겠다는 아이디어를 낸 덕분이라고 생각했고 이들의 용기를 높이 샀다.

그리고 마우리가 제작한 지도(⟨그림 7⟩ 참조)를 마을의 지도 옆에 거는 행사가 거행되었다.

원로들은 공개 시식회를 열어 주민들이 새로운 치즈를 맛보도록 했다. 대부분의 주민들이 새 치즈가 맛있다고 감탄했으나 일부는 기존의 치즈와는 맛과 질감이 다르다고 불평했다.

사업가 마인드를 가진 일부 주민들은 가이드가 딸린 미

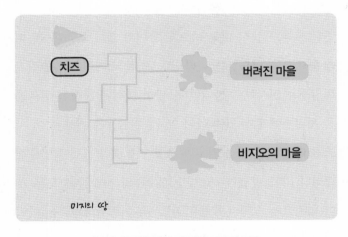

⟨그림 7⟩ 마우리가 제작한 미로의 지도

로 투어 프로그램을 계획하기도 했다. 한 명은 심지어 비지오에게 큰 돈을 벌 수 있게 해주겠다며 탐험대에서 나와 투어 가이드로 일해달라고 말했다. 하지만 원로들은 미로로 들어가는 문을 철저히 봉쇄하고 허가받지 않은 사람은 들어가서는 안 된다는 경고문을 세웠다.

마우리는 자전거 가게의 기술자들과 일하면서 보다 개선된 계측 및 지도 작성 장비를 개발했다. 기술자인 오르빌과 윌버는 실력이 매우 뛰어났으며 마우리는 이들과 지난 몇 년간 새로운 아이디어를 시험해보곤 했다.

비지오와 친구들은 축하 행사를 즐기면서도 지체 없이 다음 계획을 세웠다. 이번에는 공개 간담회가 개최될 때까지 기다릴 필요가 없었다. 원로들이 비공개 회의를 개최해서 탐험대가 발견한 것을 공유하고 더 많은 치즈를 찾기 위해 더 큰 규모의 탐험을 계획하는 방안에 대해 논의했기 때문이다.

주민들은 너도나도 다음번 탐험에 참여하겠다고 나섰고

비지오와 친구들은 약간의 불쾌함을 느꼈다

"우리가 처음 탐험에 나섰을 때는 다들 가만히 있었잖아?"라고 카산드라가 말하자 비지오는 "필로 아저씨는 '성공이 성공을 부른다'고 말씀하셨어"라고 답했다.

썩 내키지는 않았지만 비지오와 친구들은 다음 탐험에 대원들이 몇 명 더 필요하다는 것을 알고 있었다. 후보들을 검토한 끝에 결국 네 명의 대원들을 추가했다. 그 중 두 명은 마우리의 지도 제작을 돕게 했고 나머지 두 명은 로지오를 도와 물자 관리를 하도록 했다. 네 명의 신규 대원 중에는 첫 번째 탐험에 참여하길 거부한 브로모도 포함되어 있었다. 브로모는 처음에 탐험에 참여하지 않겠다고 한 것에 사과하고 이번에는 참여하고 싶다고 말했다. 처음에는 다른 대원들이 거부했지만 브로모는 능력이 있었을 뿐 아니라 힘이 세서 물자를 운반하고 새로 찾은 치즈를 가지고 돌아오는 데 사용할 수레를 잘 끌 수 있었다.

브로모와 마찬가지로 처음 탐험 계획에 등을 돌린 브루

투스 또한 사과하고 탐험 계획 수립을 위한 회의에 참석하기로 했다. 하지만 다음 탐험에 참석해달라는 부탁을 받자 원로들로부터 새로운 직책을 부여받아서 그 역할에 충실해야 한다면서 탐험대의 제안을 거절했다.

원로들과 다른 주민들은 다음 탐험에 대해 너도나도 조언을 아끼지 않았다. 그래서 비지오는 탐험대원들이 비공개적으로 만날 수 있는 조용한 곳을 마련해달라고 CEO 원로에게 부탁했다.

CEO 원로는 "내 집무실 옆에 있는 사무실을 사용해도 좋습니다. 그리고 계획을 세우는 데 필요한 곳에 쓸 수 있도록 많지는 않지만 예산을 조금 마련했습니다"라며 "탐험 계획과 일정이 정해지면 꼭 알려주십시오. 그리고 보급품을 지급받기 전에 반드시 원로들에게 계획을 보고해야 하는 것도 잊지 말아 주십시오"라고 강조했다.

마침내 팀은 원로들에게 보고할 준비를 마쳤다.

"이번 탐험의 규모와 범위는 1차 때와 비교할 수 없을 정도야." 비지오가 말했다. "마우리가 만든 지도 덕분에 지금까지 우리가 지나온 길을 이제 잘 알게 되었어. 또 마우리가 갈림길에 분필로 표시를 해놓은 덕분에 우리 위치를 정확하게 확인할 수 있게 되었지. 탐험 중에 새로운 갈림길을 지나가면서 지도를 확장해 나가고 새로운 갈림길에 대해 표시할 수 있을 거야. 또 이번에는 치즈도 더 많이 가져가잖아. 그러니까 돌아오는 길에 사용할 치즈는 미로를 탐험하면서 곳곳에 놔두면 수레에 더 많은 공간이 생기니까 우리가 새로운 치즈를 더 많이 실을 수 있을 거야." 원로들은 비공개 회의를 가진 후 만장일치로 2차 탐험 계획을 승인했다.

대원들은 이후 며칠 간 물자를 모아 탐험에 가지고 갈 네 개의 큰 수레에 실었다. 이번에는 탐험대가 요청한대로 충분한 치즈를 제공받았기 때문에 지난번처럼 배급량을 제한해야 할 필요가 없을 것 같았다. 마우리의 계측 및 지도 제작 장비가 첫 번째 수레에 실렸다.

이번에는 미로로 향하는 문 앞에 많은 인파가 모여 2차 탐험대를 환송했다. 큰 환호 속에서 대원들이 각자 소감을 발표하고 미로 속으로 들어갔다. 곧 불길한 철컥 소리와 함께 등 뒤에서 문이 잠겼다.

8.
두 번째 탐험

2차 탐험을 시작한 후 첫 3일은 별일 없이 지나갔다. 지난번 탐험에서 지나온 구역에서 마우리는 새로운 지도 제작 장비를 시험해보고 지도가 정확한지 확인했다. 대원들은 밤을 보내기 위해 임시로 캠프를 만든 위치마다 돌아오는 길에 사용할 물자와 치즈를 약간씩 남겨놓았다. 덕분에 짐이 가벼워지고 수레에는 새로 찾게 되는 치즈를 실을 공간이 더 생겼다. 지금까지는 빈 방만 발견했지만 아직 가보지 않은 길이 여러곳 있었다.

며칠 후, 집으로 돌아가는 길에 사용할 마지막 분량의

물자와 치즈를 길에 놓아 두었다. 이는 집으로 다시 돌아가기 전에 새로운 길을 탐험할 시간이 하루밖에 남지 않았음을 의미하였다. 그동안 탐험대는 소량의 치즈가 놓여 있는 여러개의 방을 발견했고 카트에 그 치즈를 실었다. 탐험대가 기대하던 대량의 치즈는 발견하지 못했지만 대원들은 실망하지도 희망을 버리지도 않았다.

마지막 날도 허탕을 친 후 일행은 돌아갈 준비를 했다. 새로 찾은 치즈가 수레 두 대에 가득 차있었다. 탐험에 나설 때 충분한 치즈를 가지고 떠났기 때문에 새로 찾은 치즈는 맛만 보았다. 찾은 장소에 따라 치즈는 각각 다른 맛이었지만 모두 맛있었다.

돌아오는 길에 탐험 중 두고 간 치즈가 있어야 할 곳에 도달했지만 놀랍게도 그곳에 치즈가 없었다. "여기 없을 리가 없어!" 마우리가 외쳤다. "지도에도 기록해 놓았고 벽에도 표시해 놨었어!"

대원들은 흩어져 주변에 이들이 놓고 간 치즈가 있는지

찾았고 마우리는 그 자리에서 지도에 표시된 치즈의 위치를 확인하고 또 확인했다.

가장 먼저 카산드라가 돌아와 이렇게 말했다. "아무 것도 없어. 왠지 느낌이 좋지 않아. 미로 속에 우리 말고도 누군가가 있어서 치즈를 가져간 걸까?"

"지금까지 우리가 찾은 건 버려진 마을이 전부였잖아." 마우리가 대답했다. "그렇다면 우리가 아직 찾지 못한 다른 마을들도 있을 수도 있다는 얘기이긴 해."

곧 로지오를 제외한 다른 대원들도 돌아왔다. 누구도 남겨 둔 치즈를 찾지 못했다. 카산드라와 마우리는 미로 속에 다른 사람들도 있을 수 있다는 데 동의했다.

"적대적인 사람들이면 어쩌지?" 비지오가 걱정스레 말했다. "이 주변에 그들이 있을 수도 있으니 방어 태세에 돌입해야 할까?"

그 때 로지오가 외쳤다. "모두 여기 좀 와 봐. 갈라진 이쪽 길로 발자국이 나 있고 치즈 부스러기가 떨어져 있어."

대원들은 로지오에게 달려갔다. 모두 모여 발자국을 살펴보았고 어떻게 해야 할지에 대한 논의가 이어졌다. 미로 속에 다른 사람들이 살고 있었다는 증거를 찾은 적은 있지만 살아 있는 사람들의 흔적을 찾은 것은 이번이 처음이었다. 대원들은 서로에게서 힘을 얻으려는 듯 본능적으로 한데 가까이 모였다.

그 때 비지오는 무언가를 깨달았다. "방금 뭔가 생각이 났어. 설립자께서는 미로 속 어딘가로부터 오셨다고 하셨지? 설립자의 책에 적힌 내용이랑 필로 아저씨가 해주신 말을 생각해보면 설립자께서도 우리와 똑같은 사람이었어. 우리가 다른 사람들의 위험성에 대해 너무 민감하게 반응하는 게 아닐까?"

"그럴 수도 있지만 그들이 우리가 남겨 둔 치즈를 훔쳐갔어." 브로모가 말했다. "그건 나쁜 짓이잖아."

"그런데 우리도 치즈를 찾으면 가져갔잖아. 우리가 찾은 치즈가 그 사람들 것이었을 수도 있잖아? 그러면 우리가 도둑이 된 셈이고." 마우리가 말했다.

"마우리 말이 맞아." 카산드라가 말했다. "잘 모른다고 해서 다 나쁜 것은 아니야. 우리가 모르는 것에 대해서도 열린 마음을 가져야 해."

비지오가 대답했다. "나도 동의해 카산드라. 주의할 필요는 있지만 잘 알지 못하는 것이 좋거나 나쁘다고 섣불리 짐작해서는 안 돼. 확인을 하기 전까지는 그저 우리가 '모르는 것'일 뿐이지. 이렇게 하자 브로모. 넌 수레를 누가 가져가지 못하게 잘 지키도록 해. 나머지는 모두 발자국을 따라가도록 하자."

그러자 브로모를 제외한 나머지 대원들은 샛길로 들어서서 발자국을 따라갔다.

새로운 것도 열린 마음으로 받아들여야 한다.

새로운 것도
열린 마음으로 받아들여야 한다.

9.
미로 속에서
새로운 사람들을 만나다

대원들은 15분 정도 발자국을 따라갔다. 이들은 매우 천천히 움직였다. 발자국의 주인을 놀라게 하고 싶지 않았고 반대로 자신들이 놀라고 싶지도 않았기 때문이다. 모두 결연한 표정을 짓고 있었지만 마음 속으로는 최악의 경우를 걱정하고 있었다. 비지오는 대원들이 긍정적으로 생각할 수 있도록 이렇게 말했다. "좋은 기회가 될 거야. 우리 마을 사람 중에 미로 속에서 또 다른 사람이나 존재를 만난 사람은 아직 아무도 없어. 우리가 처음이 될 거야. 그들로부터 새로운 걸 배우게 될 수도 있잖아?"

"네 말이 맞아." 카산드라가 말했다. "위험하긴 하겠지만 기대가 되는 것도 사실이야. 발자국의 주인을 찾게 되면 많은 것을 배울 수 있을 거라는 예감이 들어. 두려움 때문에 미지의 대상과 만나서 얻을 수 있는 것들을 놓쳐서는 안 돼."

그 때 선두에 있던 마우리가 갑자기 멈춰서서 말했다. "이것 좀 봐. 발자국이 여기서 멈췄어. 자세히 살펴보니 세 명의 발자국인 것 같아. 그리고 여기를 보면 우리가 놔두고 간 치즈의 부스러기가 있고 하얀 액체 몇 방울이 떨어져 있어."

대원들이 살펴보고 있을 때 길가의 방에서 어떤 소리가 들려왔다. 대원들은 방의 입구로 가 조심스럽게 안을 들여다 보았다. 안에는 자신들과 생김새가 크게 다르지 않은 세 명의 사람들이 있었다. 이들은 탐험대가 남겨 둔 치즈의 포장을 벗기면서 이야기를 나누고 있었다. 비지오의 마을 사람들이 사용하는 언어와 약간은 달랐으나 쉽게 알아들을 수 있었다. 그들은 치즈의 정체가 무엇인지 추측하는 중이었다. 치즈가 무엇인지 전혀 알지 못하는 게 분명해 보였다.

대원들은 방 입구에서 약간 물러서서 속삭이는 목소리로 어떻게 해야 할지 고민했다. 결국 최대한 조용하고 위협적이지 않은 분위기로 자신들을 소개하기로 했다.

비지오가 대원들을 이끌었다. 그는 조심스럽게 문을 두드리고 안으로 들어가서 그들 앞에 모습을 드러냈다. 그리고 손을 높이 들고 최대한 친근하고 자신감 있는 목소리로 "안녕하세요? 반갑습니다"라고 말했다.

세 명 모두 깜짝 놀라 벌떡 일어났다. 비지오가 최대한 친근하게 보이려고 노력했지만 그들의 눈에는 두려움이 가득했다.

"두려워하지 마세요. 저희들은 해치지 않아요." 비지오가 계속했다. "우리는 저 멀리 떨어진 마을에서 왔습니다. 여러분들은 누구시며 어디서 오셨습니까?"

세 명은 긴장을 완전히 풀지 못했다. 그들은 비지오 일행처럼 미로 속에 다른 누군가가 있음을 보여주는 발자국을 볼 기회가 없었으므로 마음의 준비를 하지 못해 더욱 깜짝 놀랐을 것이다.

"잠깐 얘기 좀 했으면 합니다. 다른 친구들도 같이 왔어요." 비지오는 이렇게 말하고 나머지 대원들에게 모습을 드러내도록 했다. "지금 가지고 계신 게 저희 치즈입니다. 길가에 일부러 놔둔 거예요. 치즈를 찾고 있다가 여러분들을 발견했습니다. 저희는 충분한 치즈를 가지고 있고 여러분들이 치즈를 가져가서 화나거나 한 게 아니에요. 잠깐 얘기 좀 할 수 있을까요?"

세 명은 서로 눈빛을 교환하고 몇 분간 속삭이며 대화를 나누었다. 마침내 한 명이 앞으로 나와 말했다. "저는 에뛰드라고 합니다. 여기 이 친구들은 로스웰과 마르파이고 모두 같은 마을에 삽니다. 저희들은 마을 사람들 중 처음으로 미로 속에 들어왔어요. 저희는 여러분들이 치즈라고 부르는 이 물건을 훔치지 않았어요. 미로 속에서 찾았을 뿐이고 이게 무엇인지 알아내려 하고 있었어요. 이게 남의 것이라고는 생각하지 못했어요. 미로 속에 다른 사람들이 살고 있다는 것을 전혀 몰랐으니까요."

이어지는 대화에서 양측 모두 신중했다. 서로 상대편에게 자신과 자신의 마을에게 해가 될만한 정보를 노출하지 않으려고 애썼다. 마우리는 조심스럽게 지도를 감추었으며 다른 마을 사람들은 자신들의 마을 위치를 노출하지 않으려 노력했다. 하지만 분위기는 좋았고 다른 마을 사람들은 비지오 일행의 발음이 이상하다고 놀리기까지 했다. 비지오는 로지오에게 브로모를 불러오게 했다.

탐험대는 이들에게 치즈가 무엇인지 설명했다. 또 치즈가 맛있다는 것을 보여주고 치즈를 잘라 맛볼 것을 권했다. 치즈를 먹어본 그들은 맛이 특이하긴 하지만 먹을만하다는 반응을 보였다.

에뛰드와 그의 친구들은 탐험대원들이 길에서 발견했던

하얀 액체가 자신들의 식량인 '우유'라고 알려주었다. 우유는 비지오의 마을에서 치즈가 배급되는 것과 거의 똑같은 방식으로 배급되고 있었다. 이들은 탐험대원들에게 작은 잔에 우유를 따라 맛볼 것을 권했고 우유를 마셔본 대원들은 맛이 좋다고 느꼈다.

"물물교환을 제안합니다." 비지오가 말했다. "여러분께 치즈를 드리는 대신 저희에게 큰 병에 우유를 한 병 담아서 주시면 어떨까요?" 마을 사람들은 비지오의 제안을 받아들였고 양측은 서로 악수를 했다.

"이 방을 '만남의 장소'로 부를 것을 제안합니다." 비지오가 말하며 벽에 그렇게 적었다. 그 밑에는 큰 사각형을 그리고 이렇게 말했다. "이 곳에 서로에게 메시지를 남기도록 합시다. 다시 또 만나고 싶다면 메시지를 남기고 만날 시간을 여기에 적도록 합시다." 비지오는 이 제안에 동의한 에뛰드에게 분필 한 조각을 주었다.

로지오와 브로모가 도착했고 양측은 몇 시간동안 다양

한 주제로 이야기를 나누었다. 이제 헤어질 시간이 왔다. 에뛰드와 그의 친구들은 치즈를 어깨에 둘러맸고 탐험대원들은 우유병을 한 수레에 담았다. 양측은 서로 악수하고 인사한 다음 각자 갈 길을 갔다.

두려움 때문에 미지의 대상과 만나서
얻을 수 있는 이익을 놓쳐서는 안 된다.

두려움 때문에 미지의 대상과
만나서 얻을 수 있는 이익을
놓쳐서는 안 된다.

10.
미로 속의
낯선 사람들

마을로 돌아온 탐험대원들은 주민들이 모인 앞에서 새
로 찾은 치즈를 원로들에게 전달했다. 지난번처럼 많은 환
호가 있었지만 치즈를 조금밖에 찾지 못했다는 불만의 목
소리도 들렸다. 탐험대의 무사 귀환을 축하하는 행사가 끝
난 후 비지오는 원로들에게 따로 만날 수 있는 자리를 마
련해준다면 대원들과 함께 탐험 결과를 보고하겠다고 말
했다. 그는 다른 마을의 존재를 주민들에게 알리기 전에
먼저 원로들이 알아야 한다고 생각했다. 그는 필로 아저씨
가 오래 전에 "원로들은 공개적으로 깜짝 놀랄만한 소식

을 듣는 것을 좋아하지 않는다"라고 말한 것을 기억했다.

그 날 오후 비지오와 친구들은 원로들을 만나러 갔다. 이들이 도착했을 때 브루투스는 CEO와 이야기를 나누고 있었다. 브루투스는 비지오와 친구들에게 고개를 까딱이며 인사하고 방 한 쪽의 의자에 앉았다.

비지오가 말문을 열었다. "미로 속에 우리만 있는 게 아닙니다." 원로들은 깜짝 놀랐다. 원로들이 놀란 마음을 조금 가라앉히자 비지오는 다른 마을 사람들과 만난 이야기를 털어놓았다. 원로들은 비지오의 말을 조금이라도 놓치지 않으려 했고 많은 질문을 했다. 비지오는 치즈와 교환한 에뛰드 탐험대의 우유를 조금씩 따라서 원로들에게 권했다. 원로 한 명은 우유 맛이 나쁘지 않다고 말했고 다른 한 명은 맛이 좋다고 말했다. 원로들 모두 새롭게 접한 우유에 큰 관심을 보였다.

"이번에 얻어 온 우유 대부분을 자전거 가게의 기술자들에게 가져다 주는 게 어떨까요? 우유의 성질을 연구해서 우리가 잘 활용할 수 있을지 판단해 줄 수 있을 거예요."
비지오가 제안했다.

원로들은 여기에 동의했다. CEO 원로는 자리에서 일어나 진지하게 말했다. "이 '우유'가 무엇인지 정확하게 알게 되기 전에는 우유나 다른 마을 사람들의 존재에 대해 어떠한 이야기도 새어나가서는 안 됩니다. 이번 탐험에서의 놀라운 발견에 대해서 주민들에게 공개적으로 발표하기까지 많은 생각과 고민을 해봐야 합니다. 자전거 가게의 기술자들도 연구에 대해 함구하겠다는 서약을 해야 합니다."

"모두 자리에서 일어나 주십시오." 진행자가 말했다.

"그만하세요." CEO 원로가 말했다. "이 자리는 공개 간담회가 아닙니다. 오늘 우리가 만난 것을 누구도 알아서는 안 됩니다." CEO 원로의 말이 끝나자 다른 원로들과 브루투스는 심각하게 이야기를 나누며 자리를 떴다. 비지오와 친구들은 우유병을 가지고 자전거 가게로 갔다. 브루투스도 동행했다.

이틀 후 비지오와 친구들은 다시 원로들과 만남을 가졌다. CEO 원로는 자리에서 일어나 그들을 바라보고 발표했다. "여러분은 미로에 새로운 치즈가 있음을 보여주었습니다. 지금까지 찾은 양은 얼마 되지 않지만 그 가능성은 분명히 입증해 주었어요. 그리고 미로 속에 또 다른 사람들이 있다는 사실을 통해 미로 속 치즈를 차지하려는 경쟁자가 있음을 알게 되었습니다. 그렇기 때문에 남들이 치즈를 찾기 전에 빨리 움직여야 합니다. 여러분들은 훌륭한 성과를 냈고 이에 대해 표창이 수여될 것입니다. 이제는 탐험의 규모를 크게 확대해야 합니다. 다음 주에 브루투스가 미로 속에 분명히 존재할 대량의 치즈를 찾기 위해 대규모 탐험대를 이끌고 미로 속으로 들어갈 것입니다."

비지오는 놀라움을 감추지 못했다. "방금 다음 탐험에서는 브루투스가 저희들의 리더라고 하셨습니까?"

"아닙니다." CEO가 말했다. "브루투스는 미로 탐험을 함께 할 대원들을 직접 선발했습니다. 여러분의 임무는 이제 끝났습니다."

"그럼 우유는 어떻게 되는 겁니까?" 비지오가 물었다.

"관심이 가기는 하지만 우리에게 필요한 것은 우유가 아니라 치즈입니다." CEO가 대답했다. "원하시는대로 우유에 대한 연구를 계속해도 좋습니다. 단, 브루투스에게 결과를 보고해 주세요. 저희는 브루투스로부터 내용을 전달받도록 하겠습니다."

그렇게 회의는 끝났고 비지오와 친구들은 자리를 떠나야 했다. 일행은 믿을 수 없다는 듯 서로를 바라보았다. 모두 할 말을 잃었다. 브루투스는 원로들과 만나기 전 탐험대원들 앞에 잠시 멈춰서서 이렇게 말했다. "그동안 수고했어. 이제 우리 전문가들이 프로젝트를 맡아서 진행하게 될 거야."

원로들을 만나러 들어가는 브루투스를 모두가 노려보았다. 그 때 카산드라가 "사람 속은 모르는 법인가봐"라고 말했다. "맞아." 비지오가 말했다. "브루투스가 우리 편인

줄 알았어. 우리한테 정보를 빼내서 원로들한테 잘 보일 작정이었는지 누가 알았겠어? 이제 브루투스는 계획대로 원로들의 총애를 받게 되었고 우리는 탐험에서 빠지게 되었어." "교활한 녀석!" 마우리가 외쳤다.

이제 할 일이 없어진 비지오와 친구들은 회의실을 나섰다. 비지오는 내일 도서관에서 필로 아저씨를 만나 조언을 구하자고 했고 모두들 찬성했다.

"나 지금 가봐야 해." 비지오가 갑자기 말했다. "10분 후에 댄스 수업이 시작하거든. 지난번 수업에 늦어서 선생님한테 혼났어."

"댄스 수업이라고? 언제부터 춤을 배웠는데?" 카산드라가 물었다. "필로 아저씨가 되도록 다양한 경험을 해보라고 하셨거든. 난 항상 춤을 좋아했지만 직접 해보지는 못했어. 게다가 춤을 배우면 더 튼튼하고 민첩해질거야." 비지오가 대답했다.

다음 날 친구들은 약속한대로 도서관에 모였다. 필로 아저씨는 원로들과의 회의에서 있었던 일과 브루투스의 배신에 대해 조용히 듣고 있다가 이렇게 말했다. "이제 어떻게 할 계획이니?"

"어떻게 할 거냐구요?" 카산드라가 되물었다. "우린 탐험에서 빠지게 되었고 브루투스가 리더를 맡았어요. 우린 이제 다시는 미로를 탐험하지 못하게 될 거라구요."

"그래! 이제 다 잊고 일상으로 돌아가는 게 좋을 것 같아." 마우리가 거들었다.

모두들 감정이 좋지 않았다. 필로 아저씨는 이들이 울분을 토하는 소리를 조용히 듣기만 했다. 흥분이 가라앉자 이들은 고개를 푹 숙이고 힘없이 앉아있기만 했다.

"너희들은 지금 그만두거나 참고 계속 나아가거나 둘 중 하나를 선택할 수 밖에 없을 것 같구나. 이제 안 좋은 감정은 모두 잊고 이성적으로 생각해보자. 너희들이 해결하려고 한 문제가 확실하고 또 중요한 것이었니?"

"그럼요! 치즈가 다 떨어지게 되면 미로에서 본 버려진 마을처럼 되어 버릴 테니까요." 비지오가 말했다.

"그래, 문제가 확실하고 또 중요한 것이라면 해결 과정에서 문제가 생겨도 포기해서는 안 돼. 그렇다면 문제를 해결하기 위해 또 어떻게 할 수 있을까?" 필로 아저씨가 물었다.

"자전거 가게의 기술자들과 힘을 합해서 우유를 활용할 수 있는 방법을 찾아야죠." 마우리가 말했다.

"그리고 다른 마을의 사람들과 협력 관계를 맺기 위한 계획도 세우면 도움이 될 것 같아요. 우리가 미처 생각하지 못한 해결책으로 이어질 수 있는 아이디어를 얻을 수도 있을 테니까 말이에요." 옆에 있던 로지오도 말했다.

"그런데 왜 여기서 고개를 숙이고 앉아있니? 어서 일어나 자전거 가게로 가봐. 우유에 대해 새로 알게 된 것이 있으면 나에게도 알려다오." 필로 아저씨가 재촉했다.

- 의사결정자인 원로들은 공개적으로 깜짝 놀랄만한 소식을 듣는 것을 좋아하지 않는다.

- 동료들이 항상 충성스러운 것은 아니다.

- 문제가 현실적이고 중요한 것이라면 해결 과정에서 어려움이 생겨도 포기해서는 안 된다.

🧀 의사결정자인 원로들은
공개적으로 깜짝 놀랄만한
소식을 듣는 것을 좋아하지 않는다.

🧀 동료들이 항상 충성스러운 것은 아니다.

🧀 문제가 현실적이고 중요한 것이라면
해결 과정에서 어려움이 생겨도
포기해서는 안 된다.

II.
실패와 기회

브루투스가 이끄는 탐험대는 CEO 원로가 새로운 탐험 대로 임명한지 일주일 뒤에 미로 속으로 들어갔다. 이번 탐험에는 20명의 대원과 10대의 수레가 동원될 만큼 모두가 높은 기대감을 보였다. 비지오는 탐험에 필요한 조언을 해주겠다고 했으나 브루투스는 "보급품이 충분해서 얼마든지 우리가 해결할 수 있어"라고 거절했다.

　3주가 지나고 비지오와 친구들 그리고 자전거 가게의 기술자들은 우유에 대해 주목할만한 연구 결과를 얻을 수 있었다. 하지만 분석을 완료하기까지는 아직도 해야 할 일이 많았다. 그 때 원로들로부터 그 날 오후에 회동을 하자는 메시지가 비지오와 친구들에게 도착했다.

원로들과의 약속 장소에 도착한 비지오 일행은 비공개 회의실로 안내받았다. 원로들은 "시작에 앞서 오늘 회의 내용을 철저히 비밀에 부쳐주실 것을 당부합니다"라고 말했다. 일행은 고개를 끄덕였다.

CEO가 말을 이었다. "어젯밤 브루투스가 미로에서 돌아왔습니다. 하지만 혼자였습니다. 탐험대는 치즈를 찾지 못하고 길을 잃었다고 생각했던 것 같습니다. 그 때 미로 속에서 괴물의 울음소리를 듣고 다들 혼비백산했습니다. 브루투스는 대원들에게 알아서 집을 찾아가라고 하고는 대원들을 버리고 혼자서 운 좋게 집으로 오는 길을 찾아 돌아왔습니다. 하지만 아직 돌아오지 못한 대원들이 19명이나 되고 브루투스는 미로 속으로 다시 들어가지 않겠다고 버티고 있습니다. 여러분이 나머지 대원들을 찾아 마을로 데리고 와 주시길 부탁드립니다. 가능하시겠습니까?"

친구들과 잠깐 논의를 한 후 비지오가 입을 열었다. "대원들을 찾기 위해 가능한 모든 수단을 동원하겠습니다. 하지만 저희들도 특별히 요청드릴 게 있습니다."

"말씀해 보십시오." CEO가 말했다.

"저희가 우유에 대해 놀라운 것을 발견했습니다. 자전거 가게에서 기술자들과 그동안 우유를 어디에 사용할 수 있을지 계속해서 연구해온 결과 우유로 치즈를 만들 수 있다는 사실을 확인했습니다."

원로들은 놀란 얼굴로 서로를 바라보았지만 이번 발견이 얼마나 중요한지에 대해 깨닫지 못하는 듯 했다. 비지오는 말을 이었다.

"다른 마을 사람들은 우유를 거의 무한정 얻을 수 있다고 말했습니다. 이들을 설득해서 우유를 공급받을 수 있다면 치즈도 무한정 얻을 수 있을 것입니다. 이렇게 되면 치즈 부족 문제도 해결이 가능합니다."

"그렇다면 그쪽 마을 사람들은 그 대가로 무엇을 요구할 것 같습니까?" CEO가 물었다.

"우유로 만든 치즈를 나누어 주기로 한다면 그 쪽도 우유를 공급하는 데 동의할 것 같습니다. 우리가 맛보라고 주었던 치즈를 마음에 들어하는 것 같았어요. 양쪽 마을 모두에게 이익이 되는 제안이라고 생각합니다."

그 때 마우리가 끼어들었다. "그쪽 마을의 지도자들이 지정한 대표들과 원로님들께서 지정해주시는 우리 마을의 대표들의 만남을 제안하려고 합니다. 그쪽 마을 사람들과 처음 만났던 미로 속 방에서 회담을 할까 합니다. 또 우호적인 입장을 표명하기 위해 치즈를 선물하려고 합니다."

원로들은 잠시 이야기를 나누었다. "여러분들의 제안은 위험이 너무 큽니다. 그래서 결정을 내리기 전에 논의가 필요합니다. 여러분이 구출 작전에 필요한 물자를 은밀하게 모으고 있을 동안에 논의를 해서 미로 속으로 출발하기 전에 결정을 내리도록 하겠습니다."

원로들은 구출 작전에 대해 반드시 비밀을 지켜달라고

당부하며 회의를 마쳤고 비지오와 친구들은 자리에서 일
어났다.

실패는 기회의 문을 열어줄 수 있다.

실패는 기회의
문을 열어줄 수 있다.

12.
원로들이
의견을 모으다

비지오와 친구들이 비밀 작전 수행에 필요한 준비를 하는 동안 원로들은 이들의 제안에 어떤 결론을 내릴 것인지 토론했다.

대부분의 원로들은 긍정적인 반응을 보였지만 일부는 다른 마을과 동맹을 맺는 데 대해 우려의 목소리를 냈다. "그쪽 마을의 우유와 우리 마을의 치즈를 교환한다는 생각은 리스크가 너무 커요. 그쪽이 신뢰할만한지 어떻게 압니까? 우리 마을의 치즈도 벌써 줄어들고 있어요. 그들이 믿을만한지 아닌지도 확실히 모르는 상태에서 우리 치즈를 줘버리는 것은 어리석은 짓이에요."

원로 중 한 명인 킨두노스(Kindunos)는 대답했다. "좋은 지적입니다. 하지만 다른 마을과의 동맹으로 새로운 치즈를 확보할 수 있는 기회를 놓치기 보다는 리스크를 줄이는 방법을 택하도록 합시다. 설립자께서도 리스크를 아예 피하신 게 아니라 제대로 관리하기 위해 노력하셨습니다. 저희는 두 가지 중 하나를 선택할 수 있습니다. 첫 번째는 아무 것도 하지 않고 치즈가 다 떨어져버리는 상황에 처하는 것이고 두 번째는 다른 마을과 우리 마을 모두에게 도움이 되는 동맹 관계를 맺기 위해 계산된 리스크를 감수하는 것입니다. 성공적인 동맹을 통해 양쪽 마을 모두 보다 다양한 자원을 더 풍부하게 얻을 수 있습니다."

다른 원로들이 재빨리 반박했다. "그쪽 마을이 우리 기술을 훔쳐서 직접 치즈를 만들면 어떻게 합니까? 우리는 어떻게 되는 건가요?"

"그렇게 되지 않도록 처음부터 제대로 동맹을 맺어야죠.

킨두노스가 말했다. "그쪽 마을의 지도자들과 만나 이들을 잘 파악하고 신뢰의 분위기를 조성해야 합니다. 그리고 또 그쪽 마을에서 직접 치즈를 만들겠다고 생각하지 않도록 우리가 최상급의 치즈를 공급하면 됩니다. 치즈 만드는 기술을 개발한 건 우리니까 우리보다 맛 좋은 치즈를 만들 수는 없지 않겠습니까?"

논의가 계속되었고 결국 원로들은 투표 끝에 다른 마을의 대표들을 만나기로 결정했다. 원로들은 첫 번째 회담에 대비하기 위한 위원회를 구성했다. 위원회가 할 일은 양측 모두에게 도움이 되는 동맹 관계를 맺는 것이 가능한지 판단하는 것이었다. 원로들은 동맹 관계를 맺는 것에 반대한 원로들도 위원회에 포함시켰으며 투표 끝에 비지오도 포함시키기로 했다. 원로들의 위원회에 일반 주민이 포함된 것은 이번이 처음이었다.

"물론 실제로 동맹을 맺기 전에 그쪽 마을을 방문해 지도자들을 만나보고 이들이 동맹으로서 책임을 다할 수 있는지, 그리고 그 마을 주민들이 믿을만한지 파악해야겠지요." 위원회의 의장직을 맡은 킨두노스가 말했다. "이번 만남은 상견례 자리라고 할 수 있습니다."

아무 것도 하지 않을 때의 리스크와
어떤 조치를 취하는 데 따르는 리스크를 비교해보는 것이 좋다.

아무 것도 하지 않을 때의 리스크와
어떤 조치를 취하는 데 따르는
리스크를 비교해보는 것이 좋다.

13.
구출 작전

충분한 물자를 확보하고, 다른 마을과의 만남을 주선해도 좋다는 원로들의 승인도 받은 비지오와 친구들은 주민들의 눈에 띄지 않기 위해 한밤중에 미로 속으로 들어갔다. "원로들은 2차 탐험 때 너 대신 브루투스를 탐험대장으로 지명해서 주민들이 비난할까봐 두려워하고 있어." 카산드라가 비지오에게 말했다. 마우리의 지도와 미로 속 갈림길을 지날 때마다 길에 남겼던 표시 덕분에 비지오 일행은 만남의 장소에 무사히 도착해 원로들의 메시지를 남기고 작은 치즈 덩어리를 남겨 둘 수 있었다.

일행은 미로 속 탐험을 계속했다. 새로 발견한 곳은 지도에 기록했고 남겨진 탐험대원들을 찾으면 집을 쉽게 찾아갈 수 있도록 모든 갈림길에 표시했다.

미로에 들어선지 5일째 되는 날 지금까지 살펴보지 못한 길에서 브루투스와 함께 떠났던 탐험대원들을 발견했다. 이들은 굶주린 상태였지만 이제 살았다는 생각에 모두 기쁨과 안도감을 느꼈다. 로지오는 그 자리에서 바로 치즈를 꺼냈고 모두 앉아서 배를 채웠다. 치즈를 먹는 동안에 카산드라는 구출된 대원들에게 어떤 일이 있었는지 이야기해달라고 했다.

"처음부터 좀 삐걱댔었어. 브루투스가 소심한 리더였지 뭐야. 계속 무슨 소리가 들린다면서 앞으로 못가게 하더라고. 이틀 밤이 지난 다음에 우리더러 돌아가자고 했지만 모두 거부했지. 치즈를 찾아서 돌아가야한다고 생각했으니까 말이야. 다음 날 밤이 되니 브루투스가 사라졌더라고. 우리끼리 며칠 더 탐험을 계속했지만 아무 것도 못찾

앉어. 치즈가 점점 떨어지는 상황이라 집으로 돌아가려고 했지만 길을 잃고 말았어. 너희들이 우릴 찾아서 정말 다행이야"라고 대원 하나가 말했다.

마우리는 대원들을 이끌고 집으로 향했고 밤이 될 때까지 기다려 마을로 들어갔다. 마우리는 기다리는 동안 미로의 지도를 업데이트했다(〈그림 8〉 참조). 브루투스가 버리

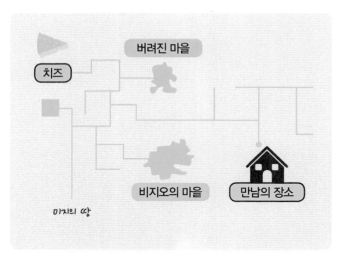

〈그림 8〉 마우리가 업데이트한 미로의 지도

고 갔던 대원들은 보고를 하기 위해 곧바로 원로들에게 갔다. 비지오와 친구들은 다음날 원로들을 만나기로 하고 각자 집으로 돌아갔다.

14.
미로는 변한다

두 마을이 동맹 관계를 맺은 지 1년이 넘는 시간이 흘렀
고 양측 모두 거래에 만족하고 있었다. 브루투스는 매주
치즈 배급을 받을 때만 나타났고 원로들과는 더 이상 만나
지 않았다.

　지난 한 해 동안 마을 주민들은 너도나도 창의적인 아이
디어를 내놓았다. 원로들은 다양한 분야에 대한 연구에 각
종 지원을 아끼지 않음으로써 새로운 아이디어를 독려했
다. 원로들은 또한 두 마을 모두가 참여할 수 있는 아이디

어 공모 프로그램을 시작하고 참여한 사람 모두에게 작은 선물을 주었다. 아이디어가 채택된 사람에게는 격려와 지원을 아끼지 않았고 아이디어를 현실화할 수 있는 기회를 주었다. 주민들 사이에서 공모 프로그램에 대한 관심과 기대가 높아졌다.

비지오는 이제 에뛰드 마을과의 교류를 관리하는 위원회의 중요한 멤버가 되었다. 위원회의 일원으로서 비지오는 마을 원로들 중 몇 명과 자전거 가게의 기술자 두 명, 그리고 마을의 중요한 인물 몇 명으로 구성된 대표단을 만들어 에뛰드 마을을 방문하도록 주선했다. 대부분의 만남은 두 마을 사람들이 처음 마주쳤던 그 방에서 이루어졌으며, 이제 그 방은 '동맹의 방'으로 불리고 있었다. 두 마을은 돌아가면서 각자의 마을에서 고위급 회의를 개최했다. 이번에는 비지오 마을의 원로들이 에뛰드의 마을로 원정을 갈 차례였다.

방문단은 여정에 필요한 물자들 외에도 자전거 가게의

기술자들이 새로 개발한 여러 종의 치즈를 몇 덩어리씩 포장해서 가져가기로 했다. 그 중 하나는 지금까지 개발한 치즈 중 가장 부드러운 것으로 기술자들은 이것을 '브리'라고 불렀다. 부드러운 치즈를 만들어달라고 제안한 것은 다름아닌 에뛰드의 마을 사람들이었는데 비지오 마을 사람들의 주식인 딱딱한 치즈를 먹기 어려워하는 사람들도 있었기 때문이었다.

그 외에도 임시로 '블루'라고 이름을 붙인 완전히 새로운 치즈의 샘플도 가져갔다. 이 치즈는 사실 실패작이었기 때문에 이상하고 고약한 냄새가 났다. 기술자들은 무엇이 잘못되었는지 파악하기 위해 블루 치즈에 대한 연구를 계속했다. 이 때문에 에뛰드의 마을로 보내야 할 치즈의 물량에 문제가 생겼다. 원로들은 부족한 물량을 치즈 창고의 치즈로 보충하기로 했다. 이제 부족한 부분을 메우기 위해 치즈 생산량을 늘려야 한다는 압박이 느껴졌다.

분석 결과 블루 치즈에 실 같은 푸른 무늬가 많이 피어 있는 것을 발견했다. 기술자들은 생산 과정에서 곰팡이가 들어가서 푸른색 무늬가 생겼다고 결론을 내리고 치즈를 어떻게 폐기해야 할지에 대해 논의했다. 그 때 기술자 중 한 명이 연구 기록에 남기기 위해 치즈를 조금 맛보자고 말했다. 제비뽑기로 시식할 한 명이 정해졌다. 운 나쁘게 뽑힌 기술자는 치즈를 입에 넣자마자 고약한 표정을 지었으나 점점 표정이 바뀌면서 "생각보다 나쁘지 않은데?"라고 말했다. 상한 치즈를 먹고 탈이 나는 것은 아닐지 염려가 되어 몇 시간 기다렸지만 아무런 반응도 없었다. 그러자 다른 기술자들도 조금씩 치즈를 먹어보았다. 맛있다고 느끼는 사람도 있었고 그렇지 않은 사람도 있었다. 결국 블루 치즈의 폐기 여부는 더 많은 사람들이 시식해보고 나서 결정하기로 했다.

   방문단이 미로 속으로 들어갔지만 과거와 같은 성대한 환송 행사는 없었다. 미로에 들어가는 것은 이제 특별한 일이 아니었다. 마우리의 지도를 사용해서 일일 투어 프로그램을 운영하는 사업자들도 있을 정도였다. 하지만 이번 같이 중요한 행사에서는 마우리와 비지오가 항상 길을 안내했다. 이번에는 카산드라도 함께했다.

에뛰드의 마을까지는 4일이 걸렸다. 3일째 되던 날 꺾어지는 길을 따라가던 일행은 막다른 길에 이르렀다.

"이럴 리가 없어!" 마우리가 외쳤다. "이 길이 막혀 있을 리가 없어. 지난 번에 왔을 때는 이 벽이 없었단 말이야."

"잘못 알았나보지." 비지오가 말했다. "이렇게 벽이 버티고 있잖아. 지도를 잘못 그렸나봐."

"아니야 지도엔 이상이 없어. 벽에 그려둔 표시를 봐. 여기 지도의 이 지점과 일치하잖아. 지도에는 분명 길이 뚫려 있어." 마우리가 대답했다.

"그렇다면 여기에 왜 이 벽이 있을까?" 브로모가 물었다. 마우리의 대답을 듣기도 전에 카산드라가 외쳤다. "미로가 바뀌는거야!"

비지오가 조용히 말했다. "우린 이 문제를 처리할 수 있어. 미로가 바뀐다면 미로에 더 자주 들어가 지도를 업데이트하면 돼. 그럼 이제 에뛰드의 마을에 어떻게 갈지 생각해보자."

"그 마을로 가려면 이 길밖엔 없어." 카산드라가 말했다. "거기 못 가면 이제 우유도 못 구하고 치즈도 더 이상 만들지 못하게 될 거야."

"진정해 카산드라. 지도를 보면서 다른 경로를 찾아볼테니 몇 분만 시간을 줘." 마우리가 말했다.

비지오에게 좋은 생각이 번뜩 떠올랐다. "수레를 위로 쌓아서 탑을 만들면 어떨까? 수레 탑에 올라가서 벽 너머를 본다면 어디로 가야할지 알 수 있을 거야. 난 댄스 수업에 열심히 참석한 덕분에 근력이 강화되고 더욱 민첩해졌어. 그러니까 수레 탑 꼭대기까지 올라갈 수 있을거야. 수레를 쌓게 어서 와서 도와줘."

"그래! 너 댄스 수업 열심히 듣더니 확실히 힘도 더 세지고 더 민첩해졌구나. 너라면 수레로 쌓은 탑 위에 올라갈 수 있을 거야. 어서 시작하자." 브로모가 말했다.

친구들은 새로운 문제를 해결하기 위해 지체 없이 힘을
모았다.

에필로그

미로가 바뀌는 것을 발견했던 그 날 비지오가 일기장에
메모를 했다면 분명 아래와 같은 내용이었을 것이다.

- 다양한 경험을 통해 예상치 못한 어려움에 효과적으로
  대처할 수 있다.
- 모든 문제가 해결되었다고 생각한 그 때 새로운 변화가
  일어날 수 있다. 이 경우 새로운 변화에 대처하기 위해서
  는 새로운 사고방식이 필요하다.

에필로그에서는 우화에서 다룬 개념들을 발전시키고자
한다. 우선 조직의 변화라는 주제를 살펴본 다음 뛰어난
통찰력으로 혁신을 통한 돌파구를 마련하는 개인과 조직
의 특징을 알아볼 것이다. 그리고 비지오가 일기장에 기록
한 내용들을 보다 심도 깊게 다룬 다음 우화의 의미와 교
훈을 정리할 예정이다.

조직 변화에 관한 이론

　비지오와 친구들이 실제로 문제가 존재하며 그에 대한 좋은 해결책이 있다는 사실을 마을의 원로들에게 납득시키는 데 왜 그렇게 애를 먹었을까? 생각해보면 사실관계는 확실했으며 치즈가 줄어들고 있다는 것에 이의를 제기할 사람은 없었다. 하지만 각종 연구와 경험으로 알 수 있듯 이러한 상황이 이 가상의 마을에만 일어나는 것은 아니다. 현실에서도 제조업, 서비스업, 의료업, 비영리 조직, 교육계, 그리고 정부 기관 등 다양한 분야에서 비슷한 상황을 자주 볼 수 있다. 이 우화에 등장했던 좌절한 비지오, 들으려고 하지 않는 CEO, 사람들이 인식하지 못한 기회와 위험, 극도의 위험 회피, 그리고 그 외 여러가지 인물들과 상황은 현실에서도 쉽게 볼 수 있다. 당장 주위를 둘러봐도 이러한 인물이나 상황이 하나쯤은 눈에 띌 것이다. 물론 변화에 개방적인 조직에서 충분한 지원을 받으며 괄목할만한 성과를 거두는 생산적인 팀들도 있을 것이다. 하지만 이 우화는 그렇지 못한 조직들에 관한 이야기이다.

기존의 연구 결과를 살펴보면 이 우화와 같은 상황이 왜 발생하는지, 또 등장인물들은 왜 그렇게 행동하는지 이해할 수 있다. 물리학의 법칙에 따르면 멈춰 있는 사물은 힘이 가해지기 전까지는 계속 멈춰 있다. 멈춰 있는 사물을 움직이려면 물체의 관성을 극복해야 한다. 사물이 클수록 그것을 이동시키는 데 더 큰 힘이 필요하다.

　이러한 법칙은 조직에게도 적용될 수 있다. 어떠한 힘이 가해지기 전까지는 조직도 계속해서 지금까지 해왔던 방식으로 운영하려고 한다. 현 상태를 지속하려는 조직 문화가 강하고 또 위험을 회피하려는 성향이 강할수록 '조직의 관성'을 극복하기 위해 더 큰 힘이 필요하다. 물론 위험을 받아들이고 변화를 장려하는 조직들도 실제로 많이 있으며, 이런 조직들은 조직 관성이 낮은 편이다. 내가 속한 조직도 이렇게 변화시킬 수 있을지 궁금하다면 그 대답은 '그렇다'이다. 비지오와 친구들은 마을을 전자와 같은 조직에서 후자와 같은 조직으로 변화시키는 데 도움을 주었다. 물론 그 과정이 쉽지만은 않았다. 비지오가 겪었던 것과 같은 상황들을 이해하기 위한 몇 가지 변화 관리 이론들을 살펴보자.

독일의 심리학자 쿠르트 레빈(Kurt Lewin)은 변화가 어려운 이유와 이러한 어려움들을 극복하기 위한 프로세스를 시작하는 방법을 설명하는 두 가지 모델을 제시했다. 첫 번째 모델은 〈그림 9〉와 같은 3단계 변화 모델(Three-Phase Change Model[8]) 또는 계획적 변화 모델(Planned Change Model)이다.

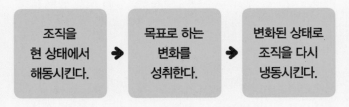

〈그림 9〉 레빈의 3단계 변화 모델

계획적 변화 모델의 개념은 간단해 보이나 직접 실행에 옮기는 것은 전혀 그렇지 않다. 어떤 조직이 현 상태를 고수하는 '냉동' 상태에 있다고 가정하자. 이 조직은 서서히 이러한 상태에 이르게 되었으며 조직 구성원들은 현 상태에 만족하고 있다. 이 조직을 '해동'시키기 위해서는 충분한 동기부여가 필요하다. 조직이 지금까지 유지해왔던 만큼의 성과를 달성하지 못하더라도 '모르는 악마보다 잘 아는 악마가 낫다'는 말이 있듯이 사람들은 부족한 점이 있어도 익숙한 것을 선호하는 경향이 있다. 이러한 상태를 변화시키려고 노력하는 과정에서 조직의 강력한 관성을 경험하게 된다.

조직이 성공적으로 해동되었다고 하자. 모델의 다음 단계인 변화 실현은 모델에서 가장 쉬운 단계인 경우가 많다. 조직이 해동되면 반드시 채워져야 하는 공백이 발생한다. 조직은 마지못해서라도 이러한 공백 상태를 변화된 상태로 채워 넣으려 할 것이다.

조직을 변화된 상태로 다시 냉동시키는 것은 해동 과정만큼이나 어렵다. 조직을 변화된 상태로 냉동시키기 위해 충분히 노력하지 않으면 조직은 변화가 자리잡기 전에 과거의 상태로 되돌아가고 말 것이다. 그러므로 조직을 진정으로 변화시키기 위해서는 '변화의 유지' 단계에 충분하고도 지속적인 관심을 기울여야 한다. 이를 위해서는 최대한 많은 조직 구성원들이 스스로 변화 프로세스에 참여해 기여했다고 느끼거나 최소한 내 의견이 존중받았다고 느낄 수 있는 환경을 조성해야 한다. 사람들이 변화를 자신과 관계가 있는 일이라고 느낄수록 '일을 처리하는 새로운 방식'을 보다 수월하게 받아들일 것이다. 그리고 변화는 과거의 조직 문화에 추가된 어떤 것이 아니라 새로운 조직 문화와 일치하는 것이어야 한다. 변화에 저항하는 사람들은 완전히 새로운 방식으로 일을 처리하기보다는 기존의 조직문화에 새로 추가되어 얼마 지나지 않아 흐지부지될 방식을 택하려 할 것이기 때문이다.

레빈의 두 번째 모델은 〈그림 10〉에서 보여주고 있는 변화의 역장 이론(Force-Field Theory Of Change[9])이다. 이 모델은 3단계 모델을 보완하고 3단계 모델에 대한 실행 지침을 제시한다.

변화에 대한 저항은 다양한 형태의 조직 관성을 반영한다. 조직이 현 상태에 고정된 경우 추진력으로 극복해야 하는 변화에 대한 저항이 상당하다. 변화를 실현하기 위해서 변화 주도자는 추진력을 강화하거나 변화에 대한 저항을 줄여야 하고, 가급적이면 둘 모두를 실행해야 한다.

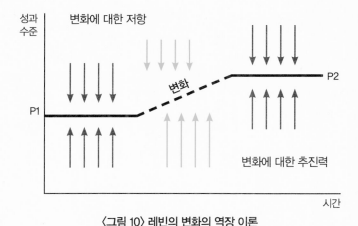

<그림 10> 레빈의 변화의 역장 이론

    우화에서 비지오는 마을이 몰락할 것이 뻔한 현재의 상
태에서 마을을 해동시키고 지속가능한 상태로 변화시키기
위해 온 힘을 다한다. 비지오는 문제를 인정하지도 않으려
고 하는 극심한 내부의 저항에 부딪히게 된다. 이러한 변
화에 대한 저항은 어디에서 오는 것인가? CEO나 원로들
탓이라고 보기 쉽지만 실제로 저항을 유발하는 것은 조직
문화이다. CEO와 원로들은 자신들을 '설립자가 만들어낸
조직 문화의 수호자'로 여기고 문제에 직면할 때마다 '설
립자라면 어떻게 하셨을까?'라고 고민했다. 어떻게 보면

이들은 자신들이 수호하는 문화에 반하는 것은 무조건 반대할 수밖에 없었다. 조직 문화는 조직 위계의 하위에 있는 일원들을 포함한 모든 사람들에게 영향을 미친다. 우화 속 비지오가 공개 간담회에서 원로들에게 문제를 제기하기 위해 친구들에게 함께하자고 제안하자 브로모와 다른 두 명은 거절했고 비지오의 팀은 7명에서 4명으로 줄어들었다. 동참하지 않은 세 명은 비지오의 계획이 너무 위험도가 높다고 여겼기 때문에 전혀 개입하지 않으려 했다. 위험에 대한 수용성이 낮은 조직은 위험을 회피하는 조직이 될 가능성이 크다. 이 때문에 변화에 대한 시도를 시스템에 대한 전복 시도로 받아들여 변화를 주도할 팀을 꾸리기가 어려워진다.

비지오는 이러한 조직 관성을 어떻게 극복할 수 있었을까? 그는 변화에 대한 의지가 있는 팀을 조직하여 변화의 추진력을 강화했다. 하지만 팀원 중 누구도 권한 있는 지위나 영향력이 없었기 때문에 개미들이 힘을 합해 코끼리를 옮기려는 것과 같았다(〈그림 11〉 참조). 하지만 이러한 비유는 팀이 힘 있는 개인보다 약하다는 뜻이 아니며 강한

〈그림 11〉 아무리 많은 개미들이 힘을 모아도 코끼리를 옮기기는 힘들다.

의지를 가진 한 개인이 조직에 미치는 영향을 과소평가하
는 것도 아니다. 모두의 고른 참여를 독려하는 훌륭한 리
더가 다양한 사람들로 구성된 팀을 이끈다면 프로젝트를
다양한 관점에서 바라보고 더욱 폭넓은 아이디어를 이끌
어낼 수 있다. 또한 우화에서 보여주듯 어려움이 닥쳤을
때 팀원들은 서로 힘이 되어줄 수 있다. 그리고 어떤 아이
디어를 개인이 아닌 팀이 제안한다면 그 무게가 달라질 수
있다. 성공의 전력이 있는 멤버가 한 명 이상 있다면 팀의
제안이 진지하게 받아들여질 가능성이 높아진다. 하지만

개인이 아닌 팀으로서 변화를 제안하는 것만으로는 변화에 대한 조직적 저항을 극복하기에 부족한 것이 사실이다.

비지오는 변화의 필요성을 입증하는 데이터를 수집하여 사용함으로써 변화에 대한 저항을 줄이려 했다. 하지만 비지오가 일기장에 남긴 네 번째 메모에서 알 수 있듯 이러한 방법은 코끼리의 무게를 줄이기 위해 코끼리의 머리털을 자르는 것과 마찬가지로 변화에 대한 저항을 극복하기엔 역부족이었다. 품질의 대가 W. 에드워즈 데밍(W. Edwards Deming)은 데이터의 힘에 대해 "신이 아니고서는 누구라도 데이터를 제시해야 한다(In God we trust. All others must bring data.)"라는 말을 남겼다. 분명 데이터는 변화를 위한 아이디어가 받아들여질 수 있도록 도움을 줄 수 있다. 하지만 코끼리의 머리털을 자르는 것처럼, 효과가 있는 것은 분명하지만 그것만으로는 충분하지 않은 경우가 많다.

비지오는 필로 아저씨로부터 설립자의 책을 받기 전까지는 별다른 성과를 거두지 못했다. 그 책을 읽고 설립자의 말을 인용한 덕분에 비지오와 친구들의 주장에 힘이 실리게 되면서 변화의 추진력이 커졌다. 즉 비지오와 몇 명 안되는 그의 친구들이 코끼리를 움직이는 데 필요한 충분한 힘을 얻은 셈이었다. 뿐만 아니라, 비지오는 현재의 조직 문화의 틀에서 벗어나지 않는 주장을 함으로써 변화에 대한 저항을 줄일 수 있었다. 변화에 대한 추진력을 강화하는 동시에 변화에 대한 저항을 줄이는 것은 변화 주도자들이 사용할 수 있는 매우 효과적인 방법이다. 비지오는 실질적인 리스크를 탐험대원들만 감수하는 미로 속 탐험을 제안하여 성공 확률을 높였다. 1차 탐험대가 필요했던 물자는 소량이었고, 설립자의 책 덕분에 탐험은 마을의 문화에 어긋나는 것이 아님을 보여줄 수 있었다. CEO와 원로들이 '설립자께서는 어떻게 하셨을까?'라고 고민했을 때 설립자가 가지고 있던 책에서 그 대답을 찾을 수 있었고 원로들은 탐험을 승인하지 않을 수 없었다.

프로젝트 초반에 두 개의 목록을 만드는 것도 도움이 된다. 첫 번째 목록에는 변화의 동력을 적고 두 번째에는 변화에 저항하는 요소들을 적는다. 혼자보다는 여럿이 머리를 맞대는 것이 효과적이므로 팀을 이뤄서 해보도록 한다.

팀을 구성해서 진행해보면 목록에서 1~2가지 핵심 동력을 찾을 수 있을 확률이 높아진다.

또 최대한 목록을 세분화하는 것이 좋다. 문화란 다양한 속성을 포함하고 있는 것이므로 한 번에 조직 문화를 전부 파악할 수는 없다. 단순히 조직 문화 자체를 변화에 저항하는 요인으로 기록하기보다는 변화에 저항하는 조직 문화의 속성을 나열한다. 이렇게 변화에 저항하는 요소들을 분석하게 되면 방해 요소들을 최소화할 수 있는 방법을 떠올릴 수 있다.

예를 들어, 변화에 저항하는 마을의 조직 문화의 속성 중 한 가지는 극심한 위험 회피 성향이었다. 비지오와 친구들은 이를 해결하기 위해 첫 번째 탐험에서 자신들이 모든 위험을 감수하겠다고 나섰다. 원로들은 탐험대가 미로에서 돌아오지 못해도 현재 조직 문화의 위험 회피 성향을 강화하는 동시에 눈엣가시인 비지오와 친구들을 없애버릴 수 있을 것이라고 여겼다. 즉, 탐험이 실패하든 성공하든 원로들은 손해볼 게 없었다. 비지오는 원로들이 감수해야 할 모든 위험을 제거함으로써 저항을 극복할 수 있었다.

이러한 목록을 활용하면 변화의 동력을 최대한 활용하고 변화에 대한 저항을 예상할 수 있어 의사결정자들에게 제안하기 위한 전략을 수립할 때 도움이 된다. 다음 연습 과제를 작성해보자.

───────────── **연습 과제** ─────────────

다음과 같은 표에 비지오 일행이 경험한 변화의 동력과 변화에 저항하는 요인들을 적어보자. 그리고 우화 속 인물들이 어떻게 변화의 동력은 강화하고 저항은 약화시켰는지 생각해보자.

변화의 동력	변화에 대한 저항
1	1
2	2
3	3
4	4
5	5
6	6
7	7

두 가지 목록을 모두 작성하고 목록의 각 요인들에 대처하기 위한 전략을 세운 후에는 실제 회의에서 나올 수 있는 질문들과 이에 대한 답변을 실전처럼 연습해보는 것이 도움이 된다. 회의에 참석할 의사결정자들의 역할을 담당할 사람들을 지정한 뒤 의사결정자들의 시각에서 제안을 검토하고 이들로부터 나올 수 있는 질문을 해보는 것이다. 다른 사람들의 피드백과 제안을 거치면서 질문에 대한 답변이 개선될 수 있다. 이러한 과정을 통해 처음에는 "잘 모르겠습니다" 또는 "그건 생각을 못해봤는데요"라는 대답이 나와도 이것을 차츰 논리적으로 다듬을 수 있다. 의사결정자들이 어떤 질문을 할지 모두 예상하는 것은 불가능하겠지만 이러한 과정을 통해 까다로운 질문에 대처하는 연습을 할 수 있고, 이것은 의사결정자들의 승인을 얻는 데 도움이 되는 결정적인 차이를 만들 수 있다.

비지오와 같은 변화 주도자가 되는 것은 많은 위험이 따르는 일이다. 우화에서 필로 아저씨가 설립자의 책을 비지오에게 건네지 않았다면 비지오 일행은 골칫덩어리로 낙인찍히고 그나마 있었던 지위와 영향력도 박탈당했을 것이다. 1차 탐험에 나서도 좋다는 허가를 받은 비지오 일행은 다른 사람들처럼 미로 속에 들어가 영영 돌아오지 못했을 수도 있었다. 미로 속에 괴물들이 가득해서 모두 죽임을 당했을지도 모르는 일이었다. 그리고 무사히, 그러나 빈 손으로 돌아왔더라면 마을의 물자를 낭비했다는 비난을 받고 마을에 실질적인 도움을 주지 못한 이상과 꿈만 가득한 무모한 바보들이라는 손가락질을 받았을 것이다. 실질적인 변화를 이루기 위해서 변화 주도자들은 용기뿐 아니라 재치와 끈기도 있어야 한다.

이제 변화 주도자가 되고자 하는 이들에게 우화가 어떤 교훈을 주는지 살펴보도록 하자. 먼저 우화의 교훈들과 비지오가 일기장에 기록한 내용들을 살펴보고자 한다. 비지오가 일기장에 남긴 메모는 변화 프로세스를 거치면서 깨달은 중요한 사실들과 그 사실에서 얻은 새로운 지식과 경험이 어떻게 개인을 통찰력 있는 사람으로 만들어주었는지, 또 어떻게 마을을 통찰력 있는 조직으로 변화시켰는지 보여준다.

통찰력 있는 개인과 조직

이 책의 모태가 된 스펜서 존슨의 『누가 내 치즈를 옮겼을까?』를 읽고 많은 독자들이 변화는 언제든 일어난다(내 치즈를 누가 옮겼다!)는 사실을 받아들이고 이러한 변화를 부정하는 대신에 용기 있게 대응해야 한다는 것을 알게 되었다. 용기는 반드시 필요하다. 하지만 용기만으로는 충분하지 않다. 개인과 조직이 용기 외에도 필요한 것은 통찰력이다. 우화를 통해 보여주고자 했던 사실은 변화를 성취하려면 개개인의 노력이 필요할 뿐 아니라 팀과 조직을 올바른 길, 즉 점점 큰 통찰력을 발휘할 수 있는 길로 안내해야 한다는 것이다. 그 과정에서 개인뿐 아니라 개인이 속한 집단도 변화하게 된다.

통찰력은 '현실을 있는 그대로 직시함으로써 시도해볼 만한 새로운 아이디어를 떠올릴 수 있는 능력[10]'이라고 할 수 있다. 비지오와 친구들의 모험에서 이러한 통찰력을 발달시켜주는 다음과 같은 성향들을 찾아볼 수 있었는지 생각해보자.

1 해당 분야의 리더들에게 다가간다.

2 필요한 전문성을 습득한다.

3 특정 분야에 대해 깊이 이해하려고 열정적으로 노력한다.

4 나의 분야와 직접적인 연관이 없어 보여도 최대한 다양한 경험을 해본다.

5 아이디어를 실천에 옮기는 데 주저하지 않는다(그리고 실패해도 좌절하지 않는다).

6 미처 생각하지 못했던 연결고리를 떠올릴 수 있도록 새로운 정보를 얻으면 의식적으로 또 무의식적으로 이를 기억한다[11].

우화에서 비지오와 친구들은 마을을 변화시켜 새로운 아이디어를 실천에 옮기고 실패의 위험을 감수하도록 만든다. 비지오와 친구들 덕분에 마을은 현실에 대한 부정을 버리고 심각한 위협을 인정할 수 있게 되었다. 마을은 생존을 위해 더 큰 세상과 교류할 필요성을 인식하게 되었고 문제를 숨기기에만 급급했던 원로들은 처음과는 비교할 수 없을 정도로 탐험과 혁신의 가치를 높이 사게 되었다. 또한 새로 얻은 자신감 덕분에 누군가 새로운 아이디어를 제안했을 때 이를 위협으로 느끼지 않게 되었다.

비지오와 친구들은 혁신에 성공하기 위해서는 기술적인 능력뿐 아니라 정치와 조율에도 능해야 한다는 사실을 깨달았다[12]. 혁신적인 아이디어가 실제로 이어지려면 이성적인 프로세스만으로는 부족하며 시스템 중심 접근법을 가지고 혁신에 필요한 기술을 익혀야 한다. 혁신에 필요한 기술을 한 사람이 전부 습득하기란 어렵다. 그러므로 혼자보다는 팀 중심의 접근법이 성공 확률을 높일 수 있다.

이야기의 말미에 이르자 마을은 연쇄적인 혁신을 보여준 '3M'과 '애플'같은 통찰력 있는 조직과 비슷한 특성들을 몇 가지 보유하게 되었다. 마을의 리더들은 대담함과 통찰력을 가지게 되었고 위험을 감수해야 하는 탐험도 점차 수용하게 되었다. 혁신을 지원함으로써 주민들의 발전을 독려했을 뿐 아니라 다양한 의견에 귀를 기울이고 아이디어를 신중하게 평가하며 실패를 배움의 기회로 여기게 되었다. 결국 마을은 원로들이 비지오가 제기한 문제를 받아들

이지 않고 부정했던 처음과 비교해 엄청난 발전을 이루게
되었으며, 새로 나타날 수 밖에 없는 문제들에 신속하게
반응할 수 있게 되었다.

🪨 우화의 교훈:
새로운 치즈를 만들어내야 한다는 필요성 인식

치즈가 줄어들고 있다는 명백한 사실을 원로들이 몰랐
다는 것을 이해하기 어려울 수도 있다. 기업들이 실제로
이런 식으로 운영될 리가 없기 때문이다. 하지만 실제 사
례들을 생각해보면 이 우화를 그저 현실과 전혀 상관이 없
는 지어낸 이야기로 치부할 수는 없을 것이다.

코닥(Kodak)의 치즈(감광유제 필름)는 100년 가량 지속
되었다. 코닥은 디지털 사진이라는 새로운 치즈도 개발했
지만 이것이 미처 인식하지 못한 문제에 대한 솔루션이라
는 것을 알아차리지 못했다. 경쟁사들은 코닥의 발명품을
사용해 새로운 치즈를 만들어냈고 소비자들은 코닥의 치

즈 대신 새로운 치즈를 선호하기 시작했다. 새로운 치즈를
얻기엔 이미 늦어버린 코닥은 결국 파산 보호 신청을 했고
이후 새로운 치즈를 찾아 회생하기 위해 애쓰고 있다.

하지만 코닥은 결국 파산 보호에서 벗어날 수 있었으
므로 결말이 그렇게 나쁘지는 않았다. 코닥만큼 운이 좋
지 못한 기업들도 많았다. 미국의 대형 서점 체인 보더스
(Borders Bookstores)의 치즈는 코닥만큼 오래가지 못했
다. 보더스에서 선보인 새로운 치즈(대형 서점 체인) 때문
에 기존의 소형 동네 서점들이 사라지게 되었으며 보더스
를 비롯한 대형 서점들은 몇 년간 출판 시장을 독점하다시
피 했다. 대형 서점 체인들만큼 시장을 잘 아는 기업은 없
었을텐데 어떻게 아마존(Amazon)같이 시장에 새로 진입
한 사업자들에게 치즈를 다 빼앗겨버렸을까? 이들은 치즈
가 줄어들고 있다는 것을 왜 보지 못했을까? 바로 코닥처
럼 보더스도 새로운 치즈를 확보하는 데 늦었기 때문이다.
보더스는 결국 파산을 신청하고 모든 지점을 폐쇄하면서
청산되고 말았다.

비디오 및 DVD 대여 업체 블록버스터(Blockbuster)도

최근 모든 점포를 폐쇄했다. 집에서 영화를 보려면 반드시 블록버스터에서 비디오나 DVD를 빌려야만 했던 시절이 있었다. 당시에는 블록버스터의 치즈가 결코 줄어들지 않을 것 같았다. 그렇다면 블록버스터는 비디오를 되감아서 반납할 필요도 없는 넷플릭스(Netflix)를 비롯한 스트리밍 업체들이 위협이 될 것임을 왜 내다보지 못했는가?

그리고 서점 체인 반스 앤 노블(Barnes & Noble)은 2016년 8월 당시 취임한 지 1년이 채 지나지도 않은 CEO를 '아마존과의 경쟁에서 조직을 이끌어나가는 데 적임자가 아닌 것으로 판단되어' 해고하고 '이번 결정이 전자책과 온라인 서점의 등장으로 인한 어려움을 타개할 수 있는 기회를 줄 것[13]'이라고 발표했다. 사실 반스 앤 노블은 많은 소형 동네 서점들의 문을 닫게 한 대형 서점 체인 시스템을 선도한 업체 중 하나였다. 이렇게 자신만의 새로운 치즈를 만들어낸 회사에서 경쟁자가 또 다른 치즈를 만들고 있었다는 사실은 어떻게 모를 수 있었을까? 반스 앤 노블은 또 다른 새로운 치즈를 만드는 데 뛰어드는 대신 더 늦기 전에 경쟁사가 만든 치즈를 어떻게 하면 조금이라도 더 얻을 수 있을지 고민하고 있다.

델 컴퓨터(Dell Computer)는 PC 시장에 비교적 일찍 진입했다. 텍사스 대학의 기숙사에서 창업한 마이클 델(Michael Dell)은 델이 세계 1위의 PC 생산 업체가 될 때까지 치즈를 늘려나갔다. 하지만 태블릿과 스마트폰에 밀려 데스크탑과 노트북 수요가 줄어들고 있었음에도 델 역시 치즈가 없어지고 있다는 것을 알아차리지 못했다. 델은 현재 자진 상장 폐지를 통해 월스트리트 애널리스트들과 주주들의 입김에서 벗어나 보다 자유로운 변화를 모색하고 있다.

한 때 업계를 주름잡았지만 몰락해버린 이러한 기업들은 스칸디나비아 엔스킬다 은행(SEB 은행)의 마르쿠스 발렌베리(Marcus Wallenberg) 회장이 말한 장수하는 기업이 갖추어야 필수 요소를 갖추지 못했다. 발렌베리 회장은 다음과 같이 지적했다.

조지프 슘페터(Joseph Schumpeter, 오스트리아의 경제학자)는 새로운 기업이 혁신을 통해 기존 기업을 대체

한다고 강조했다. 하지만 '사내 창업가(intrapreneur)', 즉 조직 내부에서 새로운 비즈니스 기회를 찾기 위해 위험을 감수하는 사람들은 창업가(entrepreneur)만큼이나 새로운 아이디어와 기술을 발굴하는 데 중요한 역할을 한다[14].

비지오와 친구들은 마을의 1세대 '사내 창업가'라고 할 수 있다. 그리고 원로들의 변화로 미루어보아 앞으로 마을에 새로운 사내 창업가들이 더 많이 생겨날 것이라고 예상할 수 있다.

비지오가 일기장에 남긴 메모

우화에서 비지오는 중요한 사실들을 깨달을 때마다 일기장에 적어두었다. 여기서는 이러한 메모들을 자세히 살펴보도록 하겠다. 〈그림 12〉는 비지오가 일기에 남긴 메모들을 정리하여 보여준다.

첫 번째 메모는 비지오가 치즈가 줄어들고 있다는 문

1. 예상치 못한 순간에 중요한 것을 발견 할 수도 있다.

2. 단순히 문제를 지적하는 것만으로는 행동으로 이어지게 할 수 없다.

3. 혁신적이고 새로운 아이디어를 제안하는 경우 동료들이 등을 돌릴 수도 있다.

4. 의사결정자들에게 변화의 필요성을 납득시키려면 사실관계와 계획만으로는 충분하지 않다.

5. 가장 큰 두려움은 모르는 것에 대한 두려움이다

6. 미지의 대상을 탐색할 때 실패의 위험을 감수해야 하지만 실패를 통해 많은 것을 배울 수 있다.

7. 새로운 것도 열린 마음으로 받아들여야 한다.

8. 두려움 때문에 미지의 대상과 만나서 얻을 수 있는 이익을 놓쳐서는 안 된다.

9. 의사결정자들은 공개적으로 깜짝 놀랄만한 소식을 듣는 것을 좋아하지 않는다.

10. 동료들이 항상 충성스러운 것은 아니다.

11. 실패는 기회의 문을 열어줄 수 있다.

12. 아무 것도 하지 않을 때의 리스크와 어떤 조치를 취하는 데 따르는 리스크를 비교해보는 것이 좋다.

13. 다양한 경험을 통해 예상치 못한 어려움에 효과적으로 대처할 수 있다.

14. 모든 문제가 해결되었다고 생각한 그 때 새로운 변화가 일어날 수 있다. 이 경우 새로운 변화에 대처하기 위해서는 새로운 사고방식이 필요하다.

〈그림 12〉 비지오가 일기장에 남긴 메모

제를 뜻하지 않게 우연히 발견한 후 적은 것이다. 이렇게 운 좋은 우연한 발견을 '세렌디피티(serendipity)'라고 한다. 이 단어는 18세기 영국의 작가 호러스 월폴(Horace Walpole)[15]이 1754년에 쓴 편지에서 처음 사용한 것이다. 그는 이 단어를 『세렌디브의 세 왕자(The Three Princes of Serendip)』라는 책에서 따왔는데 책의 주인공인 세 왕자들은 우연히, 또는 영민함을 발휘하여 생각지도 않았던 것을 항상 발견했다. 그러므로 세렌디피티는 우연의 결과이지 계획된 것은 아니다. 하지만 완전히 우연에 의한 것도 아니다. 월폴이 말한 '영민함'은 루이 파스퇴르(Louis Pasteur)의 명언 "위대한 발견을 하는 우연은 준비된 사람에게 찾아온다"와 통하는 면이 있다.

파스퇴르의 명언은 두 가지 의미가 있다. 첫 번째는 관찰의 중요성이다. 비지오는 치즈 창고 안을 들여다볼 수 있는 흔치 않은 기회를 얻었다. 여기서의 교훈은 현실을 새로운 눈으로 바라보고 싶다면 관점을 바꿔야 한다는 것이다. 극단적인 예이긴 하지만 CEO가 일반 직원으로 위장하고 직원들 사이에서 일하면서 조직을 새로운 시각으로 바라보는 TV 프로그램처럼 말이다.

두 번째는 우연은 준비된 사람에게 찾아온다는 것이다. 우화에서는 이것을 비지오의 두 가지 행동을 통해 보여준다. 우선, 비지오는 비어 있는 창고를 보고 불안함을 느꼈을 것이다. 비지오는 의식하지 못해도 현실에서는 창고에 치즈가 가득차 있을 것이라는 심리적 모델(mental model)이 있었을 것이다. 어떤 상황에 대한 심리적 모델이 없다면 우연한 발견을 할 수 있는 상황에서 현실의 괴리감을 느낄 수 없을 것이고 혼란스럽기만 할 것이다.

비지오가 그 다음에 한 일은 눈여겨볼 만하다. 자신이 예상한 것과 현실 사이의 괴리를 느끼고 그냥 잊어버리는 대신 친구들의 도움을 받아 용감하게 추진력을 발휘해 상황을 더 자세히 파악한다. 그는 자신이 본 것이 무엇이며 창고의 빈 공간은 무엇을 의미하는지 알아보기로 했다.

알렉산더 플레밍(Alexander Fleming)이 어떻게 페니실린(Penicillin)을 발견하게 되었는지 살펴보자. 1928년 9월 휴가를 마치고 실험실로 돌아온 플레밍은 포도구균 배양 접시에서 무언가 이상한 것을 발견한다. 세균이 득실거리는 배양 접시의 한 구석에 곰팡이가 피었는데 그 주위만 세균이 번식하지 않았던 것이다. 플레밍은 이것을 대수롭지 않게 보아 넘기는 대신 조수들과 연구를 시작해 결국 수많은 생명을 구한 항생제 페니실린을 발견할 수 있었다.

요약하자면 '세렌디피티'를 경험하고 싶다면 다음을 실천해야 한다.

1 세렌디피티로 중요한 발견을 하려는 것이 아니더라도 주변을 주의 깊게 탐색하고 가끔은 새로운 시각으로 바라보는 것을 습관화한다.

2 자신의 심리 모델과 현실 사이의 괴리를 찾는 데 보람을 느낀다.

3 마지막으로 이러한 괴리를 이해하는 데 시간과 자원을 투자한다.

이렇게 하면 비지오처럼 세렌디피티를 경험할 수 있다. 비지오가 일기장에 기록한 두 번째 메모처럼 단순히 문제를 지적하는 것만으로는 행동을 이끌어낼 수 없다. 인간은 본능적으로 내가 인식한 것을 다른 사람들도 똑같이 인식할 것이라고 생각한다. 하지만 똑같은 것을 사람마다 다른 렌즈나 필터를 통해 바라보며 '논리적'이란 것이 무엇을 의미하는지에 대해 저마다 다르게 생각한다. 비지오는 자신의 시각에서 확실히 문제가 존재한다는 정보를 원로들에게 내놓았지만 조직 문화의 렌즈를 통해 이것을 바라본 원로들은 문제가 있다고 인식하지 않았다. 원로들은 '우리에겐 치즈가 항상 충분했다', '설립자께서 마을을 충분히 먹이고도 남을 치즈를 주셨다'와 같은 렌즈를 통해 현실을 바라보았다. 비지오의 메시지는 원로들의 렌즈를 통해 봤을 때 전혀 논리적이지 않았던 것이다.

비지오가 일기장에 남긴 세 번째 메모처럼 현재 상황에 대한 비지오의 해석이 논리적이지 않다고 생각한 것은 원로들만이 아니었다. 비지오의 친구들 중 세 명은 비지오의 제안이 자신들이 감당할 수 있는 수준보다 위험이 크다고 생각했기 때문에 그에게 등을 돌렸다. 그들의 논리는 비지오의 논리와 달랐다. 급진적인 새로운 아이디어를 제안할 때 동료들이 등을 돌릴 수도 있다. 동료들은 나와 똑같은 것을 보더라도 다른 렌즈를 통해서 보기 때문이다.

비지오와 친구들은 자신들의 제안을 뒷받침할 데이터를 수집했으며, 이것은 올바른 결정이었다. 하지만 비지오의 네 번째 메모와 코끼리의 머리털을 자르는 비유에서 강조했듯이 데이터는 변화를 제안하는 데 반드시 필요하지만 조직 문화가 위험 회피 성향이 강하다면 근본적인 변화를 이끌어내지는 못한다. 그러므로 제안을 뒷받침할 논리를 세우는 데서 그쳐서는 안 된다. 조직 문화의 틀 안에서 변화를 제안함으로써 변화에 대한 저항을 극복하기 위한 다음 단계를 실천해야 한다. 비지오의 마을에서는 설립자가 남긴 유산을 토대로 원로들이 조직 문화를 수호하고 있었다. 비지오와 친구들은 설립자가 자신들과 뜻을 같이하며 설립자도 자신들과 똑같이 했을 것이라고 원로들을 설득시킬 수 있었다. 비지오가 필로 아저씨께 건네받은 설립자의 책처럼 결정적인 도움을 줄 무언가를 쉽게 찾지는 못할 수도 있지만 분명 새로운 제안에 힘을 실어줄 수 있는 여러가지 방법이 있다. 예를 들어 새로운 제안이 조직의 사명과 일치하며 사명을 달성하기 위한 목표를 이루는 데 도움을 줄 수 있음을 보여준다면 의사결정자들을 이해시키는 데 도움이 될 것이다. 비지오의 다섯 번째 메모가 말하듯 가장 큰 두려움은 미지에 대한 두려움이다. 그러므로 새로운 제안이 조직의 사명과 일치한다면 사람들의 두려움을 완화할 수 있다.

또 다른 방법은 나보다 지위가 높거나 성과가 더 많으며 조직에서 영향력이 있는 사람을 내 편으로 만드는 것이다. 지위 또는 성과로 영향력을 얻은 사람이 나의 제안을 옹호함으로써 큰 도움이 되는 경우가 있다. 하지만 논리적인 사람이라면 누구나 나의 제안을 받아들일 것으로 생각하고 데이터에만 의존해서는 안 된다는 것을 명심해야 한다. 내가 논리적이라고 생각하는 것이 다른 사람들에게는 그렇지 않을 수도 있기 때문이다. 상대를 이해하고 상대의 특성에 맞추어 제안해야 한다. 때로는 필로 아저씨처럼 오래 조직에 있어 조직 내 정치와 문화를 잘 이해하는 멘토가 결정적인 도움을 줄 수도 있다.

어린 아이는 침대 밑에 괴물이 있다거나 옷장 안에 용이 있다고 생각하고 무서워한다. 또는 어둠 그 자체를 무서워하기도 한다. 어린 시절의 미지에 대한 두려움은 성인이 되어서도 어느 정도 남아 있다. 하지만 미지의 것을 두려워하는 어린이는 호기심이 많고 위험을 무릅쓰고 새로운 환경을 탐색하려 하기도 한다. 성인이 되면서 대부분 미지에 대한 두려움이 사라지고 안타깝게도 이와 함께 호기심도 사라져버린다. 비지오의 다섯 번째 메모처럼 어떤 사람들에게는 가장 큰 두려움이 미지에 대한 두려움이다. 우리가 현실을 더 많이 이해할수록 비이성적인 두려움을 줄 수 있는 미지의 요소가 줄어든다. 그리고 실제로 미지의 영역에서 새로운 기회를 가장 많이 찾을 수 있다. 일기장의 일곱 번째 메모에서 비지오는 새로운 것에 대해 열린 마음을 가져야 한다고 강조한다. 그렇지 않으면 새로운 기회를 발견해도 기존에 우리가 알던 것, 그리고 지금까지 일을 해온 방식과는 다르다고 무시해버리기 쉽기 때문이다. 미래학자 조엘 바커(Joel Barker)는 사람을 탐험가(explorer)와 정착민(settler)으로 구분할 수 있다고 말했다[16]. 탐험가는 미지의 것을 주저 없이 탐색하고 새로운 기회를 찾는다. 정착민은 새로운 기회를 이용하기 위해 탐험가를 따라간다. 물론 탐험가와 정착민 둘 다 꼭 필요하다. 나는 탐험가인가 정착민인가? 그리고 나의 조직은 탐험가에게 얼마나 개방적인가? 한 번 생각해보도록 하자.

비지오의 여섯 번째 메모에서 우리는 실패로부터 배울 수 있음을 일깨워주지만 『블랙박스 사고법(Black Box Thinking)』의 저자인 영국의 저널리스트 매슈 사이드(Matthew Syed)[17]가 강조했듯 실패로부터 영영 배우지 못하는 사람들도 많다. 실패로부터 배우지 못하는 이유는 비지오의 일곱 번째와 여덟 번째 메모에서 찾을 수 있다. 이 두 개의 메모는 개방적인 자세가 중요하고 두려움 때문에 미지의 대상을 접하여 얻을 수 있는 이익을 놓쳐서는 안 된다고 강조한다. 먼저 여덟 번째 메모에 대해 생각해보자. 누구나 한 번쯤 실패의 원인을 다른 사람이나 다른 사람의 결점, 또는 나 자신(내가 도대체 왜 그랬을까?)에게 돌려본 적이 있을 것이다. 실패의 원인 제공자로 지목된 사람이 문책당하는 경우가 많기 때문에 우리가 실패를 두려워하는 한편 잘 알고 있고 예측하기 쉬운 것을 편안해하는 것이 어찌보면 당연하다. 현재의 상황이 좋지 않을 때 '잘 모르는 악마보다 잘 아는 악마가 낫다'고 상황을 합리화할 수도 있다. 하지만 생각해보면 잘 모르는 악마는 실제로 악마가 아니라 천사일 가능성도 있지 않은가?

　비지오와 친구들의 경우는 달랐다. 첫 번째, 이들은 호기심이 가득했으며 미지의 것은 탐험의 대상이지 두려움의 대상이 아니었다. 그러므로 비지오의 친구들은 비지오의 발견을 무시하는 대신 치즈가 줄어들고 있다는 문제를 객관적으로 보여주기 위해 데이터를 수집했다. 두 번째, 원로들에게 문제를 제기했을 때 원로들이 이를 인정하지 않으려 하자 비지오와 친구들은 그들이 문제의 심각성을 보지 못한다고 비난하지 않았다. 그랬더라면 원로들로부터 어떠한 반응이 돌아왔을지는 독자들의 상상에 맡기겠다. 대신 비지오와 친구들은 상황을 냉철하게 분석하고 긍정적인 반응이 나올 수 있는 제안을 했다. 세 번째, 비지오가 첫 번째 프레젠테이션으로 원로들을 설득하는 데 실패했을 때 이들은 원로들이나 서로를 원망하지 않았다. 대신 실패의 원인을 분석하고 필로 아저씨의 도움을 받아 해결책을 생각해냈다.

덕분에 이들은 마을과 미로를 가로막고 있던 문을 열고 미지의 땅에 발을 내디딜 수 있었다. 이들은 금맥을 찾을 때까지 희망과 긍정의 정신으로 무장하고 중간에 금처럼 보이지만 금이 아닌 광물을 찾아도 실망하지 않는 금광 채굴자와 같았다.

비지오의 여덟 번째와 아홉 번째 메모는 새로운 치즈를 직접 만들어내든 새로운 치즈를 만든 경쟁자에 대응하든 어느 쪽에도 위험은 따르며 이에 적절한 대처를 해야 한다는 사실을 일깨워준다. 하지만 우리는 잘 아는 혹은 모르는 모든 리스크를 두려워하더라도 반드시 위험에 필요한 대응을 해야 한다. 위험을 최대한 파악하고 관리한 다음 해소하기 위한 조치를 취하는 데 따르는 이점을 생각해보아야 한다. 비지오의 마을이 다른 마을과 공급망 계약에 비유할 수 있는 거래 관계를 맺기로 하자 원로들은 이미 줄어들고 있는 자원인 치즈를 아직 입증되지 않은 자원인 우유와 맞바꾸는 데 따르는 위험을 인식했다. 다른 마을이 치즈를 만드는 기술을 빼돌릴 수 있다는 위험도 있었다. 모두 거래 관계에 수반되는 실질적인 위험이었지만 아무 것도 안 했을 때의 위험도 물론 존재했다. 결국 원로들은 잠재적인 위험을 최소화하고 잠재적 이익은 극대화할 수 있는 조치를 취하기로 했다. 하지만 아무 것도 하지 않는 것보다 위험이 큰 변화를 택하는 결정을 내리더라도 조직은 이미 위험을 비교분석하는 과정에서 발전을 이루었다고 할 수 있다.

비지오의 아홉 번째와 열 번째 메모는 다른 사람들의 반응을 예상하고 싶다면 그들의 입장에서 상황을 바라보아야 한다는 것을 강조한다. 의사결정자들은 공개적으로 깜짝 놀랄만한 소식을 듣는 것을 좋아하지 않는다는 사실은 그들의 입장에서 생각해보면 당연하다. 사람들 앞에서 깜짝 놀랄만한 소식을 듣게 되면 의사결정자들은 그 자리에서 결정을 내려야 한다는 부담을 가지게 되기 때문이다. 의사결정자들은 시간을 두고 결정을 내리는 것을 중요하게 생각하기 때문에 개인적으로 소식을 전해듣는 것을 선호한다. 의사결정자의 입장에서 생각하는 것은 하버드 대학의 로저 피셔(Roger Fisher)와 윌리엄 유리(William Ury)가 공동으로 집필한 『Yes를 이끌어내는 협상법(Getting to Yes)』처럼 의사결정자로부터 'yes'를 얻어내는 데 큰 도움이 된다[18]. 비지오의 열 번째 메모는 조직이 위태로운 상황에 있고 실패의 가능성도 있을 때 사람들이 자기 중심적으로 위협과 기회를 이용한다는 사실을 일깨워준다. 브루투스의 배신을 생각해보라.

열한 번째 메모 대신 먼저 열두 번째 메모를 살펴보려고 한다. 열두 번째 메모는 과거에 어떤 방법이 효과가 있었기 때문에 앞으로도 똑같이 해야 한다고 생각하는 '기존의 방식 추종'이라는 오류를 떠올리게 한다. 이러한 논리는 과거의 성공에 호소하며, 분명 어느 정도 일리가 있는 것이 사실이다. 어떤 방법이 실제로 효과가 있었다는 이유로 앞으로도 이 방법을 계속 사용해야 한다고 주장할 수 있다. 하지만 상황이 변해 과거와 같이 성공할 확률이 줄어들었거나 더 큰 성공을 보장하는 새로운 방법이 등장했다면 과거와 동일한 방식을 고집할 이유가 없다. 상황이나 환경에 변화가 없었는지 확인하고 목표를 달성할 수 있는 새로운 방법을 적극적으로 찾아보았다면 지금까지의 방식을 그대로 사용해도 무방하다. 물론 이렇게 검토한다고 해도 환경의 변화를 알아차리지 못하거나 더 좋은 방법을 찾지 못할 수도 있다. 그러나 경쟁이 치열한 환경에서는 경쟁자들도 환경을 변화시키고 새로운 아이디어를 떠올리기 위해 적극적으로 노력한다. 때문에 환경 변화에 대한 연구 없이 과거의 방식만을 고집했다가는 좌초할 수도 있다. 그리고 비지오와 친구들이 발견했듯이 미로는 항상 바뀐다. 미로가 특정 구조로 되어 있었을 때 효과가 있었던 방법일

지라도 미로의 구조가 바뀌면 소용이 없어질 수도 있다.

실패는 기회의 문을 열어줄 수도 있다는 열한 번째 메모는 너무 뻔한 말처럼 들릴 수도 있다. 실패를 뜻하는 단어 중 하나인 'debacle'은 완전한 실패, 또는 잘 정비된 군대가 전투에서 완패하여 목숨을 부지하기 위해 흩어져 도망가는 것을 의미한다. 실패가 기회가 될 수 있는 이유는 간단하다. 실패가 발생하면 현재의 상태를 그대로 유지하자고 주장하는 사람은 소수에 불과할 것이며 그 결과 조직이 비즈니스를 진행하는 방식에 근본적인 변화를 줄 수 있는 기회의 문이 열리기 때문이다. 몰락의 위기에 처한 기업을 화려하게 부활시킨 사례는 크라이슬러(Chrysler)를 재건한 리 아이아코카(Lee Iaccoca), IBM을 회생시킨 루 거스너(Lou Gerstner), 그리고 애플로 화려하게 복귀했던 故 스티브 잡스(Steve Jobs) 등 얼마든지 찾을 수 있다. 사람들이 평정심을 유지하고 앞으로 취해야 할 조치에 대해 심각하게 생각해 볼 시간이 주어진다면 실패는 분명 기회가 될 수 있다.

다양한 경험을 해야 한다는 열세 번째 메모는 성격ㆍ

특성에 대해 다룬 최근의 연구 결과와도 일치한다. 미국의 조직심리학자이자 저자인 애덤 그랜트(Adam Grant)는 노벨상을 수상한 과학자들의 과학적 업적과 예술적 성향 사이의 상관 관계에 대한 연구를 그의 저서에서 인용했다[19]. 연구에 따르면 노벨상 수상 과학자들 중 악기를 연주하거나 시를 쓰거나 목공예를 하거나 댄서, 배우 또는 마술사로 공연하는 이들의 비율은 일반 과학자들과 비교해 몇 배나 높았다고 한다. 심리학자 로버트 매크래(Robert McCrae)[20]는 예술과 가장 큰 관련이 있는 성격적 특성은 개방성이며, 개방성은 호기심, 자기성찰, 미(美)의 추구, 그리고 다양한 감성적 경험을 즐기는 등의 성향이 조합된 것이라고 설명했다[21]. 비지오는 일곱 번째 메모에서 신선한 아이디어와 새로운 시각의 중요성을 강조했다. 이렇듯 예측하지 못한 어려움이 닥쳤을 때 창의적 사고로 대응해야 한다. 하지만 다행스럽게도 성격은 선천적으로 정해지는 것이 아니며 창의적 활동에 적극적으로 참여하면 창의적 사고와 가장 깊은 관련성이 있는 특성인 개방성을 키울 수 있다.

비지오는 치즈를 만들기 위한 우유를 공급해주는 에뛰드의 마을을 방문하러 나선 길에서 지도에 있던 길이 벽으로 가로막혀 있는 것을 보고 열네 번째 메모를 적었다. 여기서 비지오 일행이 하지 '않은' 것에 주목해야 한다. 이들은 당황하여 이성을 잃지 않았다. 반드시 필요한 원료를 얻으러 가는 길을 벽이 가로막고 있었으니 당황할 수도 있었다. 에뛰드의 마을에서 우유를 얻지 못하면 치즈도 만들 수 없었으므로 이들은 이 문제를 해결하지 못하면 마을의 존립이 위태로워질 것임을 재빨리 파악했다.

일행은 당황하지 않았을 뿐 아니라 절망감에 좌절하지도 않았으며 문제에 부딪혔다고 해서 실패했다고 여기지도 않았다. 물론 이 문제는 전혀 예상치 못한 것이었고 위협이 되었지만 일행은 먼저 침착하게 상황을 분석했다. 덕분에 카산드라는 '미로의 구조가 바뀐다'고 정확하게 판단할 수 있었고 일행에게 이것은 '블랙 스완(black swan)[22]', 즉 예측 불가능하며 엄청난 피해를 가져올 수 있는 사건이었다. 누구나 현실에 대해 머리 속에서 지도를 그리고 그 지도에 의존한다. 이러한 지도는 과거에도 효과가 있었기 때문에 미래를 예측하기 위해 똑같은 지도를 계속 사용한다. 블랙 스완은 예측 불가능한 사건이지만 급격하게 변하고 복잡하게 연결된 세상에서는 블랙 스완을 경험할 확률이 높아진다는 것을 누구나 알 것이다.

이러한 불확실성에 대처하기 위해서는 회복탄력성(resilience)이 필요하다. 미국심리학회(American Psychological Association, 이하 APA)[23]에서는 큰 충격으로 깊은 상처를 받은 사람들의 회복탄력성에 대한 연구를 통해 회복탄력성은 어떤 특성이 아니라 과정이라고 말한다. APA에서 발행한 책자 『회복탄력성 강화를 위한 여정(The Road to Resilience)』(국내 미번역)의 제목에서도 알 수 있듯 회복탄력성이 발휘되는 과정은 역경이 발생하기 전부터 시작된다. APA는 연구 결과를 요약하면서 '회복탄력성을 강화하는 10가지 방법'을 제시한다. 그 중 중요한 몇 가지는 다음과 같다.

- 가까운 사람들에게 정신적으로 의지한다.
- 위기를 해결 불가능한 문제로 보지 않는다.

- 변화는 인생에서 피할 수 없다는 것을 인정한다.
- 문제를 외면하는 대신 문제를 해결하기 위해 최대한 노력한다.
- 나 자신에 대한 긍정적인 마음을 가지기 위해 문제 해결 능력에 자신감을 가지고 나의 예감을 믿는다.

이러한 방법은 팀과 조직에게도 적용될 수 있다. 다른 사람들에게 정신적으로 의지하는 것은 신뢰할 수 있는 사람, 위급할 때 의지할 수 있는 사람들과 관계를 맺는 것을 의미한다. 믿을 수 있는 사람들은 언행이 일치하고, 약속을 지키며, 문제를 적극적으로 해결하려 한다. 팀과 조직에서도 이러한 사람들을 찾으면 도움이 된다.

이렇게 의지할 수 있는 사람들을 찾아야 하는 이유는 누구나 위기를 헤쳐나가는 데 필요한 기술과 능력을 가지고 있는 사람들로부터 도움을 받고 싶어하기 때문이다. 이러한 사람들은 자기 계발을 게을리하지 않으며 자신이 가진 능력을 능숙하게 발휘할 수 있도록 노력을 아끼지 않는다. 이러한 노력은 며칠, 몇 주일 심지어는 몇 달이 걸릴 수도 있기 때문에 회복탄력성은 특성이 아닌 과정인 것이다. 농구팀의 선수들이 각자의 실력을 향상하여 다른 선수들이 실전에서 자신을 믿고 의지할 수 있도록 연습에 매진하는 것이 좋은 비유이다.

『회복하는 힘 – 누구나 쓰러지는 때가 있다(Resilience: Why Things Bounce Back)』의 저자 앤드루 졸리(Andrew Zolli)는 개인의 행동이 아닌 조직 중심의 관점에서 회복탄력성을 강화하기 위해 기억해야 할 두 가지를 다음과 같이 제시했다[24].

1 첫 번째는 '효율성을 최대화하지 말라'는 것이다. 이해가 되지 않을 수도 있지만 여기서 강조하는 것은 위기가 발생했을 때 투입할 수 있도록 자원을 어느 정도 남겨두어야 한다는 것이다. 자원의 여유가 없다면 조직은 위기에 취약해진다. 군대에 비유하자면 예비 병력을 남겨둠으로써 반격을 꾀해야 할 필요가 있는 것이다. 방어선이 뚫리지 않으려면 병력을 적재적소에 신속하게 투입해야 한다.

2 두 번째는 '중간 관리자들을 잊지 말 것'이다. 졸리는 "문제가 발생했을 때 조직의 회복탄력성은 중간 관리자들에 의해 좌우되는 경우가 많다"라고 지적했다. 또다시 군대에 비유하면 경험이 부족한 소대장 밑의 하사관들마저 미숙하다면 군대는 오합지졸이 될 것이다. 비지오와 친구들은 정확히 조직의 중간 관리자에 비유할 수 있는 위치에 있다. 이들은 능력도 책임도 있지만 원로회의 일원은 아니다. 하지만 이들 덕분에 마을은 지금까지의 방식을 바꾸게 되었다.

요점 정리

그렇다면 우화를 읽고 어떻게 변화해야 하는가? 우화의 교훈을 내 조직, 그리고 나 자신에 대한 다음과 같은 질문 형태로 생각해보는 것도 좋다. 이러한 질문에 대답해보면 나와 내 조직이 미래를 스스로 개척해나가고 있는지 아니면 남이 정해준 미래를 그저 따라가고 있는지 알 수 있다.

＊ 우리 조직은 변화가 일어난 후에 대응하는가 아니면 일어나기 전에 대비하는가? 다시 말해, 우리 조직은 스스로 변화를 창조하는가 아니면 경쟁사들이 만든 변화에 대응하기 바쁜가? 이것은 우화의 가장 큰 교훈이기도 하다.

어떤 기업들은 위험 요소는 회피하면서 선도자들을 재빨리 따라잡는 추격자(follower) 전략으로 살아남고 성장을 할 수 있었다. 하지만 이런 기업들은 소비자들이 기억하는 최고의 기업이 되지 못한다. 최고의 기업은 한계에 도전하고 혁신과 새로운 패러다임을 창조하는 기업이다. 변화를 선도하는 것은 물론 쉽지 않은 일이지만 장기적으로 조직의 이익을 보장하고 경쟁력을 유지할 수 있는 길이다.

우화에서는 비지오 일행이 용감하게 마을의 먹거리를 직접 찾아 나서기로 한 후에야 마을의 장기적인 생존이 보장될 수 있었다. 설립자가 찾은 치즈에 안주하는 대신 이들은 새로운 땅을 탐험하고 다른 마을로부터 공급받은 우유를 사용해 자신들의 기술력으로 새로운 치즈를 만들어낸 것이다.

* 나는 남들이 깨닫지 못하고 지나가는 중요한 사실을 우연히 알게 되었을 때 그것의 가치를 알아볼 수 있는 눈이 있는가? 비지오는 치즈 창고의 방대한 빈 공간을 보기 전까지는 매주 배급받는 치즈에 만족했던 주민 중 하나일 뿐이었다.

* 남들은 보지 못하는 문제를 확인했을 때 그것을 단순히 상부에 보고하는 것으로 그치는가 아니면 문제에 대한 대처 방안도 제안하는가?

　자신이 제기한 문제를 원로들이 무시했을 때 비지오의 입장에서는 문제에서 손을 떼는 것이 손쉬운 방법이었을 것이다. 비지오는 의사결정권도 없었기 때문에 치즈가 바닥나지 않도록 하는 것이 자신의 책임도 아니었기 때문이다. 만약 비지오가 여기서 멈추었더라면 마을은 어떻게 되었을까? 결과는 뻔하다.

* 내가 제안한 새로운 아이디어에 대해 친구들과 동료들의 반응이 부정적이라면 어떻게 대응하는가? 아이디어를 포기해버리는가 아니면 부정적 피드백을 참

고하면서 아이디어를 발전시켜 나가는가?

비지오의 계획이 너무 무모하다고 생각한 일부 친구들은 그에게 등을 돌렸다. 이때도 비지오는 계획을 포기하고 예전처럼 돌아가는 편이 더 쉬웠을 것이다.

＊ 의사결정자들에게 어떻게 변화를 위한 아이디어를 제안하는가? 단순히 사실관계를 제안하는 데 그치는가 아니면 의사결정자가 변화의 필요성에 공감할 수 있도록 만드는 방법에 대해 고민하는가?

비지오는 설립자의 책이 효과를 발휘할 수 있음을 알아차렸다. 설립자의 책은 사실관계를 대신할 수는 없었지만 비지오의 계획을 승인하도록 원로들을 설득시키는 데 데이터보다 더 큰 효과를 발휘했다. 그러므로 설득 대상을 잘 알고 설득에 무엇이 효과적인지 파악해야 한다[25].

＊ 나와 내 조직은 새로운 환경을 두려워하고 예측 가능하고 익숙한 환경에서 비즈니스를 하려고 하는가? 아니면 새로운 환경을 탐색하여 가치 있는 것을 찾을 수 있는 기회를 놓치지 않는가?

우화의 원로들은 '설립자의 방식', 즉 지금까지 해온 방식을 고집했다. 지금까지는 기존의 방식이 효과적이었으며 그렇게 일을 처리하는 것이 더 쉬웠다. 하지만 결국 마을이 생존하기 위해서 '설립자의 방식'을 바꿔야 할 때가 오고 말았다.

* 우리 조직은 실패에 어떻게 반응하는가? 책임자를 징계하는가 아니면 실패로부터 배우는가? 나는 실패에 어떻게 반응하는가? 토머스 에디슨(Thomas Edison)처럼 실패를 빨리 배울 수 있는 기회로 여기는가 아니면 성공하지 못할까봐 새로운 시도를 두려워하는가?

비지오와 친구들은 미로 속에서 수많은 막다른 길에 부딪혔다. 처음에는 막다른 길에 부딪히는 것이 실패라고 생각했지만 막혀 있는 길을 지도에 표시하면서 미로에 대해 점점 더 알아가고 있다는 것을 깨달았다.

* 우리 조직은 새로운 것을 접했을 때 어떻게 반응하는가? 우리가 항상 해왔던 방식이 아니라고 단정짓는

가 아니면 괜찮은 아이디어라고 생각하고 관심을 보이는가? 또 외부에서 나온 아이디어는 인정하지 않는 배타적인 자세를 가졌는가?

마을의 원로들은 자신들이 가장 현명하고 무엇이든 가장 잘 안다고 자부했다. 이들은 설립자가 있었더라면 어떻게 했을까를 기준으로 결정을 내리는 것이 자신들이 할 일이라고 생각했고 원로들이 모르는 것을 주민들이 알 리가 없다고 생각했으므로 상향식 커뮤니케이션은 용납하지 않았다.

＊ 나와 내 조직은 아직 정해지지 않은 미래를 두려워하는가 아니면 기대감을 가지고 기다리는가? 그리고 새로운 것을 대면했을 때 그것의 위험과 이점을 비교 분석해 보는가?

비지오 탐험대는 미로에 들어갈 때 두려움이 가득했다. 하지만 꿋꿋하게 끝까지 버텼다. 누구나 자신이 잘 알지 못하는 것을 접하게 되면 두려움을 느낀다. 두려움에 대해 어떻게 대응하는지가 차이를 만드는 것이다.

* 조직을 변화시킬 수 있는 아이디어가 있을 때 경영진과 이를 공유하는가? 원로들은 비지오 일행이 자신들과 정보를 공유했을 때 더 적극적으로 지원했다. 리더들은 놀라는 것을 좋아하지 않는다. 특히 공개적인 자리에서 그런 소식을 듣는 것은 더욱 그렇다.

* 내가 믿을 수 있고 내 아이디어를 함께 의논할 동료들이 있는가? 그런 동료들 중 하나가 나에게 등을 돌린다면 어떻게 반응할 것인가?

  비지오도 필로 아저씨 외에 자신이 믿고 무엇이든 이야기할 수 있다고 생각한 친구들이 몇 명 있었다. 그런 친구들 중 하나가 비지오를 배신했지만 비지오는 실망하지 않았다.

* 나와 내 조직은 실수로부터 배우는가 아니면 잘못을 탓할 사람을 지목하고 징계하는가?

  비지오가 브루투스를 믿은 탓에 브루투스가 비지오의 아이디어를 도용했다. 하지만 브루투스가 이끈 탐험이 실패로 끝나자 비지오는 브루투스의 실수로부터 배우고 아이디어를 실현시키고자 했다.

* 나와 내 조직이 획기적인 아이디어를 제안할 때 나는 아이디어를 실행에 옮기는 데 따르는 위험과 아무것도 하지 않는 데 따르는 위험을 비교하는가?

비지오의 마을 사람들은 미로 속에 다른 사람들도 살고 있다는 사실을 몰랐다. 다른 마을과 동맹 관계를 맺는 것은 큰 위험이 따르는 일이었다. '우리 마을에 남아 있는 치즈마저 훔치려고 하면 어쩌지?'라는 우려도 있었지만 아무 것도 하지 않는다면 치즈가 다 떨어져 버려진 마을과 같은 운명을 맞는 더욱 심각한 결과를 가져올 게 뻔했다.

* 나는 예측 가능하고 편안한 환경을 추구하는가 아니면 다양성을 추구하는가? 우리 조직은 내가 예상하지 못한 어려움에 대응할 수 있도록 다양한 경험을 하는 것을 장려하는가?

비지오의 댄스 수업은 아무 의미가 없는 것 같았고 앵그리버드 게임을 하는 것처럼 그저 시간을 때우기 위한 것으로 보였다. 하지만 댄스 수업을 통해 비지오는 힘과 민첩성을 길렀고 미로의 벽 너머를 보기 위해 수레를 쌓아 만든 탑을 기어올라갈 수 있었다.

* 나는 계획을 수립하고 그대로 실행에 옮김으로써 변화에 대응하는가 아니면 변화가 생길 때마다 계획을 수정하는가?

비지오는 미리 철저하게 계획을 세웠지만 미로의 구조가 바뀐다는 것을 알게 되었다. 그릇이 작은 사람이라면 포기했겠지만 자신감 넘치는 리더로 거듭난 비지오는 팀원들의 아이디어를 취합해 새로운 계획을 세웠다. 한 위대한 장군은 "작전대로 하는 것이 계획이지만 첫 번째 총성이 울리면 모든 것이 바뀐다"라는 말을 남긴 바 있다. 전장에서뿐 아니라 비즈니스에서도 똑같이 적용될 수 있는 말이다.

* 우리 조직은 외부 환경을 어떻게 바라보는가? 외부 환경은 정적이므로 지금까지 효과가 있었던 방식이 앞으로도 그럴 것이라고 생각하는가? 아니면 외부 환경은 끊임없이 변화하기 때문에 이러한 변화는 위협이 될 수도 기회가 될 수도 있다고 생각하는가? 또

우리 조직은 변화를 알아차리기 위해 외부 환경을 항상 주의 깊게 살피는가 아니면 외부 환경 점검이란 가끔씩 있는 형식적인 행사에 불과한가?

이 책과 『누가 내 치즈를 옮겼을까?』의 큰 차이 중 하나는 이 책이 개인의 행동보다는 팀워크를 강조한다는 것이다. 하지만 친구들 몇 명을 불러 모았다고 해서 팀이 만들어지는 것은 아니다. 비지오의 팀에는 다양성이 있었으며 이러한 다양성 덕분에 팀은 능력을 발휘하여 마을을 구할 수 있었다. 록히드마틴(Lockheed Martin)의 부사장 스테파니 힐(Stephanie Hill)이 말했듯 "훌륭한 팀은 구성원 각자의 능력을 합한 것을 능가하는 능력을 발휘한다. 하지만 이는 구성원들의 다양성을 전제로 할 때에 가능하다. 팀원들의 생김새와 행동 그리고 사고방식이 모두 똑같다면 혁신적이고 기발한 아이디어를 떠올리거나 받아들이는 것은 당연히 어려울 것이다[26]."

같은 유니폼을 입었다고 한 팀이 되는 것은 아니다.

– 미국의 전설적인 풋볼 감독 故 빈스 롬바르디(Vince Lombardi) –

그러므로 이 우화를 그저 꾸며낸 이야기라고만 생각해서는 안 된다. 우화 속 마을도 벌써 지금까지와는 다른 새로운 치즈를 만들기 위해 노력하고 있어야 할 지도 모르겠다. 지금 생산되고 있는 치즈도 무한정 만들어낼 수 있는 것이 아니기 때문이다.

References

· American Psychological Association (APA). (2016). "Road to Resilience." Brochure from the APA Psychology Help Center found at http://www.apa.org/helpcenter/road-resilience. aspx.

· Barker, J. (1990). The Business of Paradigms. Burnsville, MN: Charthouse International Learning Corp.

· Beckett, S. (1983). Worstward Ho! New York: Grove Press.

· Bloch, H. (2013). "Failure is an Option." National Geographic 224(3), p. 133.

· Boyle, R. (2000). "Three Princes of Serendip." At http://livingheritage.org/three_princes.htm.

· Clark, D. (2013). "5 Ways to Build a Resilient Organization" (interview with Andrew Zolli). Forbes, Feb. 28, 2013 at http://www.forbes.com/sites/dorieclark/2013/02/28/5-ways-to-build-a-resilient-organization/#7cbc7ac15424

· Connelly, B., Ones, D., & Chernyshenko, O. (2014). "Introducing the special section on Openness to Experience: Review of openness taxonomies, measurement, and nomological net." Journal of Personality Assessment, 96(1), 1-16.

· Fisher, R., & Ury, W. (2011/orig. 1991). Getting to Yes. New York, NY: Penguin Books.

· Grant, A. (2016). Originals: How Nonconformists Move the World. New York, NY: Penguin Random House.

· Griffin, A., R. Price, & B. Vojak. (2012). Serial Innovators. Stanford, CA: Stanford Business Books.

· Hill, S. (2014). "In Pursuit of the Best Ideas." Scientific American, vol. 311, no. 4, pp. 48-49.

· Houston Chronicle. (August 17, 2016), p. B2.

· Johnson, S. (1998). Who Moved My Cheese? New York: G. P. Putnam's Sons.

· Lewin, K. (1951). Field Theory in Social Science. New York: Harper & Rowe.

· Lewin, K. (May 1943). "Defining the Field at a Given Time." Psychological Review. 50(3): pp. 292–310.

· McCrae, R. (2007). "Aesthetic chills as a universal marker of openness to experience." Motivation and Emotion (2007) 31, 5-11.

· Merton, R. & Barber, E. (2004). The Travels and Adventures of Serendipity. Princeton, NJ: Princeton University Press.

· Motee, I. (2013). Design Thinking for Strategic Innovation. Hoboken, NJ: John Wiley & Sons.

· Pascal, R. (1990). Managing on the Edge. New York: Simon and Schuster.

· PricewatershouseCoopers. (2014) "Gut & Gigabytes: Capitalizing on the Art and Science in Decision Making." http://preview.thenewsmarket.com/previews/pwc/ documentassets/345166.pdf.

· Scott, A. (2014). "Cranking Up R&D." Chemical & Engineering News 92(1), 13-14.

· Sower, V., & F. Fair. (2012). Insightful Quality: Beyond Continuous Improvement. New York: Business Expert Press.

· Sower, V., & F. Fair. (2005). "There is More to Quality than Continuous Improvement: Listening to Plato." Quality Management Journal 12(1), 8-20.

· Syed, M. (2015). Black Box Thinking: Why Most People Never Learn from their Mistakes—but Some Do. New York, NY: Penguin Random House.

· Taleb, N. (2010). The Black Swan: The Impact of the Highly Improbable (2nd ed.) New York, NY: Random House.

· Wallenberg, M. (2014) "The power of enduring companies." Interview with McKinsey Quarterly available at http://www.mckinsey.com/insights/Strategy/The_power_of_enduring_companies?cid=mckq50-eml-alt-mkq-mck-oth-1410&p=1.

· Zolli, A. & Healy, A. (2012). Resilience: Why Things Bounce Back. New York, NY: Simon & Schuster.

✚ 미주

1 Johnson, S. (1998).

2 Pascal, R. (1990).

3 Sower, V., & F. Fair. (2012).

4 Scott, A. (2014).

5 Sower, V., & F. Fair. (2012).

6 Beckett, S. (1983).

7 Bloch, H. (2013).

8 Lewin, K. (1951).

9 Lewin, K. (May 1943).

10 Sower, V., & F. Fair. (2012).

11 Sower, V., & F. Fair. (2012).

12 Griffin, A., R. Price, & B. Vojak. (2012).

13 Houston Chronicle. (August 17, 2016).

14 Wallenberg, M. (2014).

15 Boyle, R. (2000) and Merton, R. & Barber, E. (2004).

16 Barker, J. (1990).

17 Syed, M. (2015).

18 Fisher, R., & Ury, W. (2011/ orig. 1991).

19 Grant, A. (2016).

20   McCrae, R. (2007).

21   Connelly, B. et al. (2014).

22   Taleb, N. (2010).

23   APA (2016).

24   Clark, D. (2103) and Zolli, A. & Healy, A. (2012).

25   In a PricewatershouseCoopers research project (2014).

26   Hill (2014).

✤ 색인 (가나다 순)

• 빅터 소워(Dr. Victor Sower)

빅터 소워 박사는 샘휴스턴주립대학교(Sam Houston State University, 이하 SHSS)의 생산관리(Operations Management) 분야의 명예교수이자 경영 컨설팅 회사 Sower & Associates, LLC의 명예 파트너이다. SHSS에서는 운영 관리, 품질 관리, 기술 및 혁신 관리, 소기업 관리, 그리고 공급망 관리 등을 강의했으며 SHSS 경영대학 산하에 소워 비즈니스 기술 연구소(Sower Business Technology Laboratory)를 설립했다. 소워 박사는 멕시코와 독일에서도 대학 강의를 했으며 SHSS 우수강의상, 우수연구자상, 그리고 우수교수상 등 화려한 수상 경력을 자랑하며 2005년 텍사스 미니 스티븐스 파이퍼 재단(Minnie Stevens Piper Foundation)으로부터 우수 교수(Piper Professor)로 선정되었다. 저서로는 8권의 책이 있으며 다수의 학술지 논문과 기고문을 발표했다.

학계에 입문하기 전 미 육군 화학부대의 현역 장교로 복무했으며 엔지니어링, 엔지니어링 관리, 그리고 경영 분야에서 다양한 경험을 쌓았다. 이 책의 우화에 등장하는 인물들은 학자와 사업가 그리고 컨설턴트로서 소워 박사가 다양하게 경험한 것을 토대로 만들어졌다.

• 프랭크 페어(Dr. Frank Fair)

프랭크 페어 박사는 1971년부터 SHSS에서 강의했다. 페어 박사는 SHSS의 우수강의상, 우수교수상을 수상했으며 2011년 텍사스 미니 스티븐스 파이퍼 재단으로부터 우수 교수로 선정되었다. 페어 박사는 SHSS에서 비판적 사고와 과학철학(philosophy of science) 등 다양한 분야를 강의했으며 의사 결정에 관한 세미나 형식의 강의도 진행했다. 최근에는 SHSS의 다른 교수들과 힘을 합해 미국 공립학교 시스템에 대한 연구를 실시했으며 7학년 교실에서의 주 1회 철학 토론 수업을 통한 학생들의 인지 능력 향상에 대해 발표했다.

✚ 옮긴이 소개

이지민 ㅣ 중앙대학교 영어영문학과와 이화여대 통역번역대학원 번역학과 졸업 이후 10년 이상 생계형 번역가로 서울시청, 삼성전자 등 각종 정부기관, 공기업과 사기업 그리고 방송국 등 다양한 조직에서 근무했다. 현재 전문 번역가로 육아를 병행하며 영한 및 한영 번역에 매진하고 있다. 이 책의 번역을 완성하는 데 큰 도움이 되지 않은 남편과 딸에게 감사를 표한다.